AI와 오픈소스의 정치권력

인공지능총서

인공지능 시대입니다. 기계가 인간의 인지를 대신하고, 사물이 인간을 통하지 않고 다른 사물과 직접 커뮤니케이션합니다. 이에 따른 인간 삶과 문명 변화를 정확히 이해·예측·대응하는 것은 이 시대 우리 모두의 과제입니다. 인공지능총서는 인공지능 기술과 환경의 여러 주제를 10가지 키워드로 정리합니다. 관련 개념과 이론, 학계와 산업계의 쟁점, 우리 일상의 변화를 다룹니다. 인간과 기술의 현재, 미래를 세심히 분석합니다.

일러두기

- 인명, 작품명, 저서명, 개념어 등은 한글과 함께 괄호 안에 해당 국가의 원어를 병기했습니다.
- 외래어 표기는 현행 어문규정의 외래어표기법을 따랐습니다.

처음이세요?

전문가세요?

AI와 오픈소스의 정치권력

김윤명

대한민국, 서울, 커뮤니케이션북스, 2025

AI와 오픈소스의 정치권력

지은이 김윤명
펴낸이 박영률

초판 1쇄 펴낸날 2025년 9월 26일

커뮤니케이션북스(주)
출판 등록 2007년 8월 17일 제313-2007-000166호
02880 서울시 성북구 성북로 5-11
전화(02) 7474 001, 팩스(02) 736 5047
commbooks@commbooks.com
www.commbooks.com

ISBN 979-11-7307-430-1064-3 03500

책값은 뒤표지에 표시되어 있습니다.

차례

정치권력으로서 AI와 오픈소스

논의의 필요와 접근 방식

AI 기술의 급속한 발전은 인간 사회의 작동 원리 전반에 걸쳐 근본적 재구성을 요구하고 있다. 특히 생성형 AI의 출현은 소프트웨어 기술이 단순한 도구를 넘어서, 언어 · 지식 · 창작 · 판단에 직접 개입하는 수준으로 진화했음을 보여 준다. 이러한 상황에서 오픈소스는 여전히 기술 접근성과 협업의 민주성을 보장하는 이념으로 존중받지만, 실제 현실에서는 그 이상이 구조적으로 제약받고 있다. 오픈소스는 더 이상 자유로운 기술 공유의 상징이기보다는 특정 기업의 전략적 프레임 속에 위치한 수단이 되어 가고 있다.

자유 소프트웨어 운동에서 출발한 오픈소스의 철학은 공유와 자율성, 협업의 가치를 핵심으로 한다. 하지만 오늘날 오픈소스는 빅테크 기업의 제품 포트폴리오나 플랫폼 확장 전략의 일부로 기능하며, 그 내부에 비대칭적 권력 관계가 점점 더 심화되고 있다. 예컨대 메타(Meta)나 구글(Google), 마이크로소프트(Microsoft) 등은 오픈소스를 표방하지만, 실제로는 애플리케이션 프로그래밍 인터페이스, 즉 에이피아이(API, Application Programming Interface) · 클라우드 · 데이터를 통해 사용자를 철저히 자사 생태계에 종속시키는 전략을 펼치고 있다. 이는 오픈소스가 기술 민주주의를 실현하기보다는 플랫폼 자본주의의 포장을 제공하는 수단으로 전락할 수 있음을 시사한다.

이러한 맥락에서, 'AI와 오픈소스'를 둘러싼 권력 지형을 분석하는 것은 기술 그 자체가 아니라 기술을 둘러싼 사회적 질서를 이해하기 위한 핵심적인 작업이다. 오픈소스는 단순한 개발 방식이 아니라, 권한 분배의 구조이자, 거버넌스 체계이며, 나아가 정치경제적 결정체다. AI 시대의 오픈소스는 더 이상 개발자의 자유만으로는 설명되지 않으며, 공공성, 안전성, 책임성이라는 새로운 사회적 기준에 의해 재정의되어야 한다.

또한 오픈소스는 공공 정책의 대상이기도 하다. 각국 정부는 공공 AI 개발, 기술 주권 확보, 디지털 공공재 형성 등 다양한 목적을 위해 오픈소스 생태계에 개입하고 있으며, 이는 단순히 기술적 선택을 넘어선 전략적 결정으로 작동한다. 이 과정에서 법과 정책은 오픈소스를 단지 민간 기술의 영역이 아닌, 국민 전체의 기술적 권리로 바라보아야 할 이유가 커졌다. 오픈소스는 이제 정치의 문제이며, 공공성의 핵심이다.

결국 이 책이 다루는 주제는 '기술은 누구의 것인가'라는 질문에 답하기 위한 시도다. AI 기술이 모든 사회 영역에 깊숙이 스며들고 있는 지금, 오픈소스가 정말 모두를 위한 기술인가, 아니면 새로운 독점의 도구인가를 분석하는 일은 시의적절할 뿐만 아니라 필수적인 지적 과제다. 우리는 오픈소스를 다시 정치적으로 읽어 내야 하며, 이를 통해 기술 사회에서의 권리, 책임, 공공성의 새로운 기준을 모색할 필요가 있다.

이 책은 기술을 단순히 기능적 산물이 아닌, 권력의 배분 구조로 본다. 따라서 오픈소스를 기술 개발 방식이나 라이선스 유형으로만 설명하지 않는다. 우리는 오픈소스를 하나의 정치 철학으로 해석하고, 그 정치 철학이 AI 시대에 어떻게 변형되고 있는지를 중심에 두고 논의를 전개한다. 이를 통해 기술의 중립성 신화를 벗겨 내고, 그 이면에 숨겨진 권력 관계를 가시화하고자 한다.

접근 방식은 크게 세 가지 축을 따른다. 첫째, 정치 철학적 분석이다. 기술 민주주의, 자율성, 투명성, 자유의 가치가 오픈소스 담론에서 어떻게 작동하고 있는지를 살핀다. 둘째, 기술경제학적 분석이다. 데이터와 플랫폼, 라이선스 구조, 클라우드 종속성과 같은 자본의 흐름을 추적함으로써, 오픈소스가 어떻게 수익화되고 권력이 집중되는지를 탐색한다. 셋째, 법 제도적 분석이다. 특허권, 저작권, 기여자 보상 체계, 공공 AI 정책 등에서 나타나는 규범의 충돌과 제도적 공백을 분석해 기술 거버넌스의 방향성을 제안한다.

각 장은 이러한 세 축의 논의가 유기적으로 교차하도록 구성되어 있다. 예를 들어, 데이터의 공유와 소유권 문제(2장)는 기술경제적 쟁점이면서 동시에 개인 정보 보호 및 데이터 주권이라는 규범적 쟁점을 포함한다. 마찬가지로, 오픈소스 기여자에 대한 보상 논의(4장)는 경제적 분배 정의뿐 아니라, 공정한 기술 생태계라는 윤리적 문제와도 결부된다. 이처럼 각 장은 개별 주제를 중심으로 하되, 철학적, 경제적, 법적 층위를 동시에 조명하려 한다.

또한 본서의 시각은 탈중심적이다. 기존의 미국 중심, 빅테크 중심의 기술 담론에서 벗어나, 다양한 국가의 정책, 개발자 커뮤니티의 관점, 비서구권의 디지털 주권 전략 등을 포함하여 글로벌 오픈소스 질서를 다층적으로 구성하고자 한다. 특히 8장에서는 미국, 유럽연합, 중국의 기술 전략을 비교하며, 오픈소스가 국제 질서의 전략

자산으로 변화하고 있는 양상을 조망한다.

마지막으로, 이 책은 '질문으로 끝나는 기술서'가 되기를 바란다. 오픈소스를 어떻게 규제할 것인가, 어떤 방식의 기술 공유가 공공선에 부합하는가, 개발자와 시민은 기술 거버넌스에서 어떤 권리를 가져야 하는가 같은 질문들이 본서를 통해 던져진다. 우리는 단순한 해답보다 더 나은 질문을 설계하고, 그 질문이 미래 기술 사회의 조건을 바꾸는 씨앗이 되길 기대한다.

AI 오픈소스의 정치권력

정치권력

AI와 오픈소스는 기술의 영역을 넘어서 정치권력의 작동 방식과 긴밀히 연결되어 있다. 기술은 중립적인 도구가 아니라, 설계와 운영 방식에 따라 특정한 권력 구조를 형성하고 유지하는 수단이 된다. 특히 오픈소스는 원래 수평적이고 참여적인 구조를 지향했지만, AI 시대에 들어서면서 오히려 플랫폼 중심의 집중화된 권력 구조를 강화하는 경향이 나타난다.

플랫폼 기업들은 오픈소스 생태계를 통제함으로써 기술 표준을 선점하고, 개발자 커뮤니티를 자사의 생태계

안으로 포섭한다. 깃허브(GitHub), 허깅페이스(Hugging Face), 파이토치(PyTorch), 텐서플로(TensorFlow) 등 주요 오픈소스 플랫폼은 사실상 특정 기업의 영향 아래 운영되며, 기술의 공개 자체가 정치적 전략이 된다. 이 과정에서 오픈소스는 자유의 상징이 아니라 통제의 수단으로 전환된다.

정치권력은 기술에 대한 접근성, 결정 권한, 사용 조건 등을 통해 작동한다. 예를 들어 메타의 라마(LLaMA) 모델은 오픈소스를 표방하지만 특정 사용 조건을 부과함으로써, 사실상 기술의 공공성을 제한하고 있다. 이러한 제한은 플랫폼의 정책 결정자가 사실상의 입법자 역할을 하게 만들며, 전통적인 공공 규제의 권한을 민간이 대체하게 된다.

AI 기술을 통제하는 권력은 더 이상 국가만의 전유물이 아니다. 민간 기업은 코드, 데이터, 인프라를 통해 기술 주권을 행사하며, 국제 정치의 새로운 주체로 등장하고 있다. 특히 AI 모델의 수출 · 이용 제한은 외교 정책과 산업 전략의 수단으로 활용되고 있으며, 이는 기술 패권 시대의 디지털 지정학을 보여 준다.

AI 오픈소스의 정치적 함의는 민주주의와의 관계에서도 명확히 드러난다. 알고리즘이 공공 정책 결정에 사용되는 경우, 그 설계와 평가 기준이 공개되지 않는다면 시민은 자신을 지배하는 권력의 실체를 알 수 없다. 블랙박스화된 AI와 오픈소스의 모순은 정보 비대칭과 권력 불균형을 더욱 심화한다.

한편, 일부 시민 사회와 개발자 커뮤니티는 이러한 권력 집중에 저항하고 있다. 시민 사회는 기술 거버넌스에 시민이 참여해야 한다고 주장하며, 코드 수준에서의 투명성과 책무성을 요구한다. 이는 기술 민주주의의 실현을 위한 새로운 정치운동으로 평가될 수 있다.

따라서 AI 오픈소스를 단순한 개발 방식이 아니라 정치 질서의 일부로 이해할 필요가 있다. 그 개방성과 통제 구조는 정치 체제의 형성과 유지에 직접적인 영향을 미치며, 기술 정책은 곧 권력 정책이 된다. 정치권력은 이제 기술을 매개로 작동하는 새로운 형식으로 재편되고 있다.

결국 AI와 오픈소스의 결합은 민주주의의 위기와 가능성을 동시에 내포한다. 통제되지 않은 플랫폼 권력은 새로운 권위주의로 이어질 수 있지만, 반대로 투명하고 참여적인 기술 설계는 시민주권의 확장으로 연결될 수 있다. 이 교차점에서 우리는 기술 정치의 재구성을 요구받고 있다.

경제 권력

AI 기술의 발전은 기존 자본주의의 구조를 심화하는 방식으로 작동하고 있다. 특히 오픈소스를 통한 기술 개발은 비용을 절감하는 방식으로 활용되며, 그 수익은 플랫폼 기업이 독점하는 구조가 형성된다. 이는 노동과 수익 간의 괴리를 더욱 확대하는 새로운 착취 방식으로 기능한다.

오픈소스 프로젝트에 참여하는 다수의 개발자들은 자발적 · 비상업적 동기를 기반으로 코드와 데이터를 제공한다. 그러나 그 결과물은 에이피아이(API), 클라우드 서비스, 모델 배포 플랫폼 등의 상용 서비스로 포장되어 기업의 수익원이 된다. 즉 공공적 기여는 사적 수익으로 전환되며, 이는 디지털 무상 노동이라는 개념으로 설명된다.

이러한 경제 구조는 기술의 네트워크 효과와 결합되어 플랫폼 중심의 독점적 자본 축적을 가능하게 만든다. 예컨대 오픈에이아이(OpenAI)는 지피티(GPT)를 에이피아이(API) 서비스 형태로 제공하면서, 개방된 모델처럼 보이지만 실제로는 사용 조건, 요금 체계, 데이터 수집 등을 통제하며 수익을 극대화한다. 여기서 오픈소스는 경제적 진입 장벽을 낮추는 도구가 아니라, 사용자를 기업 생태계로 끌어들이는 유인책으로 변질된다.

더 나아가, 오픈소스 라이선스는 기업 전략의 일부로 적극 활용된다. 일부 AI 특화 라이선스는 사용 제한을 통해 경쟁사의 진입을 막고, 자사의 클라우드 환경에서만 효율적으로 작동하도록 설계된다. 이는 자유와 공유의 이름으로 설계된 기술이, 오히려 자본 권력의 도구로 전유되는 현실을 보여 준다.

또한 데이터 역시 중요한 경제 권력의 원천이다. AI 학습에 사용되는 데이터는 대부분 무상으로 수집되며, 이는 공정한 보상이 이루어지지 않는 자원 추출 구조를 낳는다. 커먼스(Commons) 기반 데이터세트가 플랫폼에 의해 재가공되어 상용화되면서, 원제공자는 권리도 수익도 보장받지 못한다. 데이터 소유권 논쟁은 이제 AI 자본주의의 핵심 전선이 되었다.

이러한 경제 권력 구조는 기존 산업과 노동시장의 관계도 변화시킨다. AI 오픈소스를 통한 자동화는 개발자 외의 직군을 빠르게 대체하고 있으며, 이는 불안정 노동의 확산과 소득 격차의 심화를 초래한다. 기술 진보가 사회 전체의 번영으로 이어지지 않고, 오히려 소수의 플랫폼에만 집중되는 현상은 AI 자본주의의 대표적 문제다.

한편, 오픈소스 커뮤니티 내부에서도 이러한 불균형

에 대한 비판이 제기되고 있다. 서스테이닝 오픈소스(Sustaining Open Source), 오픈 컬렉티브(Open Collective) 등은 기여자에게 수익을 환원하는 구조를 설계하려 하지만, 여전히 구조적 해결에는 이르지 못하고 있다. 경제 권력에 대응하기 위한 새로운 배분 메커니즘이 요구된다.

궁극적으로, AI와 오픈소스가 결합된 디지털 경제는 단순한 혁신의 결과물이 아니다. 그것은 소유권, 노동, 수익 배분의 구조를 재편하는 거대한 경제 정치의 장이다. 따라서 오픈소스 기술의 경제적 구조는 공정성, 투명성, 재분배의 관점에서 재설계되어야 한다.

AI 오픈소스 생태계를 지속 가능하게 만들기 위해서는 기술과 경제가 만나는 지점에서의 공공 정책이 필수적이다. 이는 단지 라이선스의 문제가 아니라, 디지털 시대의 자본주의를 어떻게 재구성할 것인가에 대한 근본적 질문으로 이어진다.

이 책의 구성 및 선정 이유

이 책은 AI와 오픈소스 기술이 교차하는 지점을 중심으로, 기술의 자유와 통제를 둘러싼 정치경제적 쟁점을 비판적으로 분석한다. 특히 '기술 민주주의'라는 오래된 질문을 AI 시대에 다시 던지며, 플랫폼 자본주의의 구조와 그 내면화된 권력을 드러내고자 한다. AI를 단지 기술이 아니라 사회적 계약과 권력의 장치로 보는 관점에서, 이 책은 법, 정치 철학, 기술 정책, 경제 이론을 넘나드는 다학제적 접근을 시도한다.

각 장은 오픈소스의 철학적 이상에서 출발해, AI 모델과 데이터, 특허와 라이선스, 글로벌 전략, 기술 주권, 그리고 디지털 공공성으로 나아간다. 구조적으로는 총 10장으로 구성되어 있으며, 각 장은 다섯 개의 핵심 쟁점을 중심으로 여섯 단락 내외의 서술로 구성된다. 이 구성을 통해 독자는 각 장마다 하나의 주제를 깊이 있게 탐구하되, 전체적으로는 AI와 오픈소스 기술을 둘러싼 권력 구조의 총체적 지형을 입체적으로 이해할 수 있다.

또한 각 장은 현행 법제와 정책 현황을 바탕으로 분석하되, 미래의 사회 계약과 규범적 재구성을 제안하는 형식으로 마무리된다. 이는 단순한 비판이나 기술 해설에 그치지 않고, 독자 스스로 기술과 사회의 관계를 재사유하게 만드는 문제 제기적 서술 전략이다. 법학자이자 변호사로서 필자의 시각은 이러한 논의에 실증성과 제도화를 더함으로써 실천적 기여를 목표로 한다.

제1장 기술 민주주의는 가능한가

AI와 오픈소스는 개방과 참여라는 동일한 이상을 공유하지만, 실제 현실에서는 기술 통제권이 극소수 플랫폼에 집중되고 있다. 이 장은 자유 소프트웨어 운동의 철학을 기초로, 기술이 어떻게 권력이 되는지를 되묻고, 시민의 기술 거버넌스 참여 가능성을 정치 철학적 차원에서 조명한다.

제2장 데이터는 누구의 것인가

AI 모델의 성능을 좌우하는 핵심 자원은 '데이터'이지만, 그 수집과 활용 과정은 종종 기여자나 당사자의 권리를 무시한 채 이루어진다. 공공 데이터와 개인 정보 사이의 경계, 그리고 무상 데이터세트의 시장 가치화 문제를 중심으로 데이터의 경제적 · 법적 소유권 문제를 분석한다.

제3장 모델 개방인가, 플랫폼 독점인가

메타나 허깅페이스처럼 오픈소스를 표방하는 기업들이 사실상 중앙 집중적 통제 구조를 형성하고 있다는 비판이 제기된다. 이 장은 '오픈'의 정의가 기업에 의해 어떻게 재구성되는지를 추적하고, 진정한 개방성과 플랫폼 락인 효과의 경계선을 탐색한다.

제4장 AI 오픈소스와 무상 노동

자발적 기여로 운영되는 오픈소스 생태계는 기술 진보의 핵심 기반이지만, 그 기여가 수익화되는 과정에서는 정당한 보상이 부재하다. 기여자 권리, 오픈소스 커뮤니티의 착취 문제, 그리고 새로운 보상 구조에 대한 법적 논의가 이 장의 중심을 이룬다.

제5장 기술 주권과 오픈소스

국가가 AI 기술에서 자립하기 위한 전략 중 하나로 공공 오픈소스 모델 개발이 대두되고 있다. 이 장은 공공 부문에서의 AI 활용 조건, 기술 복지로서의 AI 인프라 구축 방향, 그리고 민관 협력의 공정한 구조 설계를 다룬다.

제6장 AI 특허와 오픈소스의 충돌

AI의 구성 요소들이 특허나 저작권으로 보호받으면서, 오픈소스 기술과의 충돌이 빈번해지고 있다. 이 장은 알고리즘의 특허성, 특허 회피 설계, 국제 지재권 체계와의 마찰, 그리고 라이선스와의 교차 법적 해석 문제를 논의한다.

제7장 거버넌스 없는 개방

AI 오픈소스는 악의적 활용과 사이버 보안 위협에 노출되기 쉽지만, 책임 구조는 여전히 미비하다. 이 장에서는 오픈소스 생태계에서의 재현 불가능성, 보안 취약성 공개, 그리고 책임 주체의 설정에 관한 글로벌 기준 수립 필요성을 강조한다.

제8장 글로벌 기술 패권과 오픈소스 전략

미국, 유럽연합, 중국은 각기 다른 방식으로 오픈소스를 전략 자산화하고 있으며, 이는 AI 기술의 지정학적 긴장으로 이어지고 있다. 이 장은 각국의 디지털 주권 전략과 오픈소스 정책을 비교 분석 하고, 기술 패권과 국제 협력의 접점을 탐색한다.

제9장 공유에서 통제로

오픈소스 라이선스는 점차 '통제의 도구'로 변모하고 있으며, 레일(RAIL) 같은 AI 특화 라이선스는 이용자의 자유를 제한한다. 이 장은 법적 라이선스 설계의 변화, 계약적 성격, 라이선스의 전략화 문제를 중심으로 오픈소스의 규범 구조를 재검토한다.

제10장 오픈소스 이후의 질서

AI 시대의 기술은 단순한 공유가 아닌 새로운 사회 계약의 주제로 부상하고 있다. 기술 공공성과 시민 참여를 중심으로, 오픈소스를 넘어서는 '디지털 기술 계약'의 필요성과 제도화 방향을 이 장에서 결론적으로 제시한다.

이 책에서 논의되는 것도 다양한 의견 중 하나로, 언젠가 기술 발전과 사회적 합의를 통해서 답을 만들어 갈 수 있기를 희망한다.

01
기술 민주주의는 가능한가: AI 시대의 오픈소스 정치 철학

오픈소스는 기술 민주주의의 수단이 될 수 있으나, 그것이 민주주의 그 자체는 아니다. 오픈소스의 정신을 살리기 위해서는 기술 통제 구조의 민주화, 시민 참여 메커니즘의 제도화, 그리고 공정한 기술 인프라 배분이 병행되어야 한다. 이 모두를 포함할 때 비로소 우리는 '기술은 모두의 것'이라는 약속을 지킬 수 있다.

기후 위기와 인공지능?

자유 소프트웨어 운동의 유산과 오늘의 AI

1980년대 자유 소프트웨어 운동은 독점 소프트웨어에 맞서 사용자에게 소스코드에 대한 접근과 수정의 자유를 보장하는 정치적 선언이었다. 리처드 스톨먼의 그누(GNU, GNU's Not Unix) 프로젝트는 소프트웨어가 단지 상품이 아니라 표현과 협업의 장이라는 철학적 기반 위에서 출발했다. 그누 일반 공중 사용 허가서(GPL, General Public License)는 법적 수단으로서 이 정치 철학을 뒷받침한 대표적 도구였다.

이러한 자유 소프트웨어 운동은 이후 오픈소스 운동으로 확장되며 산업계에서도 채택될 수 있는 실용주의 모델로 전환되었다. 오픈소스는 기업과 개인의 협업 생태계 안에서 빠르게 발전하였고, 이는 리눅스, 아파치 서버 등에서 뚜렷이 확인되었다. 기술 접근의 민주화라는 이상은 일정 부분 실현되었으나, 그것이 모든 층위에서의 권력 분산을 의미하지는 않았다.

AI의 시대에 들어서면서 자유 소프트웨어의 전통은 새로운 갈림길에 놓였다. 인공지능 모델은 과거의 소프트웨어보다 훨씬 복잡한 구조를 가지며, 그 학습에는 대규모의 데이터와 계산 자원이 요구된다. 이로 인해 AI 모델은 물리적 · 경제적 진입 장벽이 높은 기술로 간주되며, 오픈소스라고 하더라도 실질적인 접근 가능성은 제한적이다.

이러한 현실은 자유의 형식과 실질 사이의 간극을 드러낸다. 예컨대, 메타가 공개한 라마 모델은 오픈소스로 분류되지만, 실제로는 라이선스상 연구 목적에 한정되며, 소수의 플랫폼 중심으로 배포가 통제된다. 이는 오픈소스가 형식적 자유의 외피를 쓰되, 실질적 폐쇄성을 내포할 수 있음을 보여 준다.

결국, AI 시대의 자유 소프트웨어 정신은 기술 인프라와 자원의 분배 문제를 함께 고려해야만 한다. 단순히 코드 접근의 자유를 허용한다고 해서 기술 민주주의가 구현되는 것은 아니다. 코드 이전에 자원과 참여의 평등이 보장되어야 한다는 점에서, AI 오픈소스는 보다 정치적인 설계가 필요하다.

법적 · 제도적으로도 이 과제는 중요하다. 오픈소스 라이선스의 설계, 공공 인프라에 대한 접근권, 알고리즘 통제권 등의 쟁점은 기존 지적재산권 체계뿐 아니라 정보기본권, 기술 주권 논의와도 깊게 연결된다. 자유 소프트웨어의 유산을 계승하기 위해선 AI 시대에 맞는 새로운 권리 구조의 정립이 필수적이다.

기술은 중립적인가—권력, 코드, 통제

기술은 종종 중립적 도구로 묘사된다. 그러나 법학과 과학기술학(STS, Studies of Science, Technology, and Society)에서는 오랫동안 기술이 사회적 선택의 산물이며, 특정한 권력 관계를 내포한다는 점을 지적해 왔다. 코드도 마찬가지로 중립적이지 않다. 어떤 기능을 허용하고 금지하는가, 누구에게 어떤 권한을 주는가는 코드 설계자의 의도와 권력 구조에 따라 결정된다.

AI 오픈소스에서도 코드의 개방은 통제의 분산을 의미하지 않을 수 있다. 예를 들어, 모델이 누구에 의해 훈련되었는지, 어떤 데이터가 사용되었는지, 배포는 어떤 경로로 이뤄졌는지를 살펴보면, 여전히 권력은 플랫폼 기업이나 연구 기관에 집중되어 있음을 확인할 수 있다. 이는 기술의 탈정치화 서사가 현실과 맞지 않음을 보여준다.

또한 AI 모델은 학습 데이터와 알고리즘의 결합물로서 작동하며, 이때 데이터 선택과 알고리즘 구조 모두가 특정한 가치 판단을 내포할 수 있다. 예컨대 편향된 데이터로 학습한 모델은 특정 집단을 차별하거나 불균형한 결과를 초래할 수 있으며, 이는 사회적 정의와 직결되는 문제다.

기술 규범의 부재는 기술의 정치성을 더욱 은폐한다. 오픈소스 라이선스가 기술 사용의 자유를 보장한다고 하더라도, 그것이 누구에게 어떤 책임을 묻는지, 어떤 위험을 통제할 수 있는지는 별개의 문제다. 특히 AI 분야에서는 책임 없는 개방이라는 역설이 자주 발생한다.

따라서 기술의 중립성을 전제하는 법적 · 제도적 접근은 수정되어야 한다. 오히려 기술은 사회적 설계 대상이며, 코드 역시 규범적 판단의 결과라는 인식을 바탕으로, 거버넌스와 통제 장치를 마련하는 것이 필요하다. 어떤 면에서 오픈소스의 진정한 의미는 개방이 아니라 공동 설계에 있다.

결론적으로, 기술 민주주의는 기술의 중립성이라는 허상을 벗겨 내고, 오히려 기술에 내재된 권력 관계를 조명하며, 이를 제도적으로 재구성하려는 노력을 통해 실현될 수 있다. 법은 이러한 재구성의 도구가 되어야 하며, 단지 기술 발전을 뒤좇는 것이 아니라 기술 설계의 주체가 되어야 한다.

오픈소스의 정치 철학—투명성과 자율의 이면

오픈소스는 투명성과 자율성이라는 두 개의 핵심 가치를 중심으로 발전해 왔다. 투명성은 누구나 코드를 열람

하고 감시할 수 있는 구조를, 자율성은 누구나 수정하고 재사용할 수 있는 권리를 의미한다. 이는 권력의 분산과 집단적 지식 창출이라는 민주적 가치를 내포한다.

그러나 AI 기술의 맥락에서는 이 두 개념이 새로운 긴장에 직면한다. 투명성은 곧 안전성의 취약점 노출을 의미할 수 있으며, 자율성은 악의적 활용 가능성을 확장하기도 한다. 특히 대규모 언어 모델은 특정 사회문화적 편향을 담고 있으며, 오픈소스화할 경우 그 편향이 전 세계적으로 복제될 우려가 있다.

또한 투명성의 전제 조건은 기술 이해 능력이다. 코드가 공개되어 있더라도, 일반 시민이나 법률가는 그 내용을 분석하고 해석할 수 없다면 실질적 감시가 불가능하다. 이는 기술 권력이 기술적 해석 권력으로 재구성되는 현상을 보여 준다.

자율성 역시 마찬가지다. 강력한 AI 모델의 수정이나 재훈련은 고성능 그래픽 처리 장치, 즉 지피유(GPU, Graphics Processing Unit), 대규모 데이터, 전문 인력이 필요하며, 이는 일부 집단만이 누릴 수 있는 자율성이다. 결과적으로 오픈소스는 모두에게 열린 것이 아니라, 일부 기술 엘리트만이 실질적으로 참여할 수 있는 폐쇄적 구조로 변질된다.

법적 관점에서, 오픈소스의 투명성과 자율성은 보다 명확한 책임 구조 및 재사용 규범과 결합되어야 한다. AI 분야에서는 오픈소스 라이선스가 모델의 재사용 범위, 결과물의 책임 귀속, 안전성 확보 기준까지 포괄해야만 그 의미를 유지할 수 있다.

즉 오픈소스의 철학은 AI 시대에 단순한 코드 개방이 아니라, 기술 권력의 분산과 시민 주권 보장이라는 보다 포괄적인 사회적 재구성을 필요로 한다. 이를 실현하기 위한 제도 설계가 없다면, 오픈소스는 오히려 새로운 위계와 불평등을 정당화하는 도구가 될 위험이 있다.

협업의 윤리인가, 집단적 착취인가

오픈소스 개발은 협업의 윤리 위에 구축되었다. 다수의 기여자가 자발적으로 자신의 시간과 기술을 투입하여 코드와 지식을 공유하고, 이를 통해 누구나 혜택을 얻는다는 서사 속에서 오픈소스는 지속 가능성을 확보해 왔다. 이러한 협업의 윤리는 기술의 공공성과 집단 지성의 힘을 실현해 주는 이상적인 모델로 여겨져 왔다.

그러나 AI 시대에 이 협업의 윤리는 새로운 의문에 직면한다. 기여자가 무상으로 올린 코드나 학습 데이터가 대형 플랫폼 기업의 사적 이윤 창출에 직접적으로 활용될 수 있기 때문이다. 특히 커뮤니티 기반에서 수집된 데이터세트나 파인튜닝 모델이 상업적으로 전용되는 사례는 윤리적 착취의 경계에 있다. 이러한 착취 구조는 종종 은폐된 채 '기여 문화'로 포장된다. 예를 들어 허깅 페이스의 모델 허브에는 수천 명의 개발자가 등록한 모델이 존재하지만, 이들이 실제로 얻는 보상은 거의 없거나 상징적인 것에 불과하다. 반면 기업은 이 모델들을 상품화하거나, 파생 서비스의 기초 자산으로 활용하여 실질적 수익을 창출한다.

법적으로도 이 문제는 분쟁 가능성이 높다. 오픈소스 라이선스가 허용한 범위 내에서 사용되었다 하더라도, 그 수익 구조의 불균형이 지나치다면 기여자와 플랫폼 간 신뢰는 무너질 수 있다. 이는 오픈소스의 지속 가능성을 위협하는 핵심 문제이며, 단순히 법적 정당성을 넘는 사회적 정당성의 영역에 해당한다.

이제는 오픈소스 생태계에서도 새로운 보상 모델과 공정한 수익 분배 구조가 논의되어야 한다. 기여자에게 크레디트만 부여하는 기존 방식에서 탈피하여, 로열티, 공동 저작권, 플랫폼 기여 분배금 등 실질적 제도가 필요하다. 이를 통해 기여와 착취 사이의 경계를 명확히 하고, 오픈소스 협업의 윤리를 실질화할 수 있다.

요컨대 AI 오픈소스의 협업은 더 이상 단순한 '기여'의 문제가 아니다. 그것은 노동의 문제이며, 권리의 문제다. 공공성을 담보로 하는 기여가 사적 이익의 원천이 되지 않도록, 우리는 법과 제도의 틀 안에서 협업의 윤리를 재정의하고 제도화해야 한다.

기술 민주주의의 조건 – 거버넌스와 시민 주권

AI 기술의 결정은 더 이상 전문가나 기업의 전유물이 아니다. 언어 모델 하나가 여론을 형성하고, 알고리즘 하나가 삶의 기회를 좌우하는 시대에, 기술 개발과 활용의 전 과정은 공공적 거버넌스의 대상이 되어야 한다. 이것이 바로 기술 민주주의의 출발점이다.

오픈소스는 그 자체로 참여와 개방을 전제한 기술 설계 방식이다. 그러나 실질적 민주주의로 이어지기 위해서는 단순한 '코드의 공유'를 넘어서야 한다. 기술 결정 구조에 시민이 참여하고, 알고리즘 설계와 데이터 활용에 대해 설명을 요구할 수 있는 체계가 마련되어야 한다.

기술 민주주의는 두 개의 축 위에 세워진다. 첫째는 절차적 민주성이다. 모델의 설계, 학습 데이터의 선정, 배포 방식의 결정 등에서 공론화와 시민 참여의 통로가 존재해야 한다. 둘째는 실질적 민주성이다. 기술에 접근할 수 있는 물리적 · 경제적 자원이 공평하게 분배되어야 하며, 기술로 인해 불이익을 받는 집단에 대한 구제가 보장되어야 한다.

법적 차원에서는 기술 거버넌스의 민주화를 위한 새로운 제도 설계가 필요하다. 예컨대 알고리즘 감사, AI 모델 등록, 데이터 사용 투명성 확보 가이드라인 등이 검토될 수 있다. 특히, 공공 자금으로 개발된 AI 시스템에 대해서는 오픈소스화 및 시민 통제가 강제되는 구조가 필요하다. 소프트웨어 진흥법에서도 "정부는 소프트웨어 분야의 국가연구개발사업을 하는 경우, 국가연구개발사업의 결과물을 공개소프트웨어(저작권자가 원시코드를 공개하여 활용 · 복제 · 수정 및 재배포가 자유로운 소프트웨어를 말한다)로 배포토록 함으로써 소프트웨어 연구개발이 활성화되도록 노력하여야 한다"라고 규정하고 있다. 이러한 기술 민주주의는 단지 규제나 제한의 문제가 아니다. 그것은 사회적 신뢰를 구축하고, 기술이 공공선을 향해 설계되도록 하는 제도적 토대다. 기술이 시민의 삶을 좌우하는 만큼, 시민이 기술을 통제할 수 있어야 한다는 원칙은 민주주의의 본질과 직결된다.

결론적으로, 오픈소스는 기술 민주주의의 수단이 될 수 있으나, 그것이 민주주의 그 자체는 아니다. 오픈소스의 정신을 살리기 위해서는 기술 통제 구조의 민주화, 시민 참여 메커니즘의 제도화, 그리고 공정한 기술 인프라 배분이 병행되어야 한다. 이 모두를 포함할 때 비로소 우리는 '기술은 모두의 것'이라는 약속을 지킬 수 있다.

02
데이터는 누구의 것인가: 오픈소스 모델의 경제적 기반

AI 데이터는 정보이자 자원이며, 동시에 권리다. 데이터 주권과 글로벌 AI 생태계의 조화는 미래 기술 질서를 결정짓는 핵심 변수로 부상하고 있다. 이 과제를 해결하기 위한 법적 상상력과 제도적 설계는 AI 시대의 국제법의 중심 과제가 되어야 한다.

노래하는 AI 보컬?

AI 학습 데이터의 수집 구조와 소유권 논쟁

AI 모델은 데이터로부터 학습한다. 그만큼 데이터는 AI 기술의 가장 핵심적인 기반이며, 동시에 가장 복잡한 법적 · 윤리적 쟁점을 불러일으킨다. 데이터는 공공에서 수집되기도 하고, 민간 웹사이트나 소셜미디어에서 긁어 오기도 하며, 사용자 활동을 통해 축적되기도 한다. 그러나 이러한 데이터가 누구의 소유이며, 어떤 조건으로 활용될 수 있는지는 명확하지 않다.

기술적으로는 수집 가능성과 활용 가능성이 일치하지 않는다. 인터넷에 공개된 콘텐츠라고 해서 AI 학습에 자유롭게 사용할 수 있는 것은 아니다. 특히 개인 정보, 저작권 보호 콘텐츠, 또는 계약 조건하의 콘텐츠들은 원칙적으로 AI 학습 목적의 무단 수집과 활용이 금지될 수 있다. 그러나 현실에서는 기술이 법보다 앞서 작동하며, 데이터 수집은 거의 무제한적으로 진행되고 있다.

법적으로 데이터의 소유 개념은 여전히 논쟁적이다. 전통적인 물권 개념이 적용되지 않기 때문에, 데이터는 보통 저작권, 개인 정보 보호권, 또는 계약상의 권리로 보호된다. 그러나 이들 법리는 데이터의 분절성과 비복제성, 그리고 사용 방식의 다양성을 충분히 포괄하지 못한다. 이는 AI 학습 데이터가 사실상 '무주물'로 취급되는 배경이 된다.

결국 데이터 수집 구조는 기술의 편의성과 법의 미비 사이에서 구성되고 있다. 오픈소스 모델의 학습 데이터가 투명하게 공개되지 않는 이유도 여기에 있다. 학습 데이터가 불법적으로 수집된 것일 경우, 전체 모델의 정당성이 훼손될 수 있기 때문이다. 따라서 데이터 수집 단계에서부터 정당성, 투명성, 법적 근거 확보가 핵심 과제로 떠오른다.

이와 같은 소유권 논쟁은 AI 모델의 책임 구조와도 직결된다. 잘못된 데이터로 인해 오류가 발생하거나, 타인의 권리를 침해한 경우, 그 책임은 누구에게 귀속되는가? 데이터 수집자, 모델 개발자, 또는 플랫폼 운영자 중 어느 누구도 완전한 책임을 지지 않는다면, AI 기술에 대한 사회적 신뢰는 회복되기 어렵다.

이제는 데이터 수집 단계에서부터 소유권과 책임 귀속을 분명히 하는 법적 프레임워크가 필요하다. 공공이 수집한 데이터는 공공적으로 관리되어야 하며, 민간이 수집한 데이터는 투명한 계약과 동의 기반 위에서 공유되어야 한다. AI 시대의 오픈소스는 단순한 코드 개방이 아니라 데이터 정의의 정치 철학을 동반해야 한다.

커먼 크롤과 레이언: 무상 데이터의 시장 가치

AI 학습을 위한 대규모 데이터세트 중 대표적인 것이 바로 커먼 크롤(Common Crawl)과 레이언(LAION)이다. 이들은 웹 크롤링 방식으로 수집한 비구조적 데이터를 가공하여, 누구나 활용할 수 있도록 공개한 비영리 기반 프로젝트다. 챗지피티(ChatGPT)나 스테이블 디퓨전(Stable Diffusion) 등 주요 생성형 AI 모델이 바로 이 무상 데이터세트에 의존해 구축되었다.

문제는 이러한 무상 데이터가 막대한 경제적 가치를 창출한다는 점이다. 수십 테라바이트에 달하는 커먼 크롤의 텍스트 데이터나 레이언의 이미지-텍스트 페어 데이터는 수천억 원 이상의 시장 가치를 지닌다. 그러나 이 데이터는 콘텐츠 제공자나 이용자에게 아무런 대가도 없이 수집 · 가공 · 활용된다.

이는 법적으로 '무단 사용'의 경계에 있다. 특히 커먼 크롤이 수집하는 웹 콘텐츠에는 저작권 보호 대상이 포함될 가능성이 높으며, 이미지 기반의 레이언은 더더욱 민감하다. 예를 들어 스테이블 디퓨전이 특정 화풍을 모방하거나 개인 사진을 생성하는 데 쓰이는 배경에는 이러한 데이터세트의 구조적 문제가 있다. 그러나 기술계는 이를 '비영리적 공개' 또는 '공익적 훈련용'이라는 이름으로 정당화해 왔다. 레이언 역시 비영리 단체를 자처하며, 데이터세트를 직접 저장하지 않고 링크만 제공하는 방식으로 법적 책임을 회피한다. 하지만 그 결과물을 상업 기업이 사용하는 현실에서, 이러한 설명은 매우 불완전하다.

결국 무상 데이터는 '공공성'을 빌려 사적 이윤을 추구하는 구조로 기능한다. 이는 자유 소프트웨어 운동의 철학과도 배치된다. 모두가 기여한 정보가 소수의 기업 모델에 흡수되는 구조는 데이터 민주주의의 역행이다. 또한 크리에이터와 시민은 무의식중에 자신의 권리를 상실하고, 그 대가도 받지 못한 채 AI 산업의 원료로 전환된다.

따라서 커먼 크롤과 레이언을 기술 진보의 기초로만 보기보다는 데이터 정의의 불균형을 드러내는 사례로 보아야 한다. AI의 공정한 발전을 위해서는 무상 데이터가 만들어 내는 시장 가치에 대해 정당한 기여자 보상 구조가 마련되어야 하며, 이를 위한 법제화가 시급하다.

공개 데이터와 개인 정보 보호의 경계

공개 데이터는 공공 자원의 재사용을 장려하고, 혁신적 기술 개발의 촉매로 기능할 수 있다는 점에서 긍정적으로 평가받는다. 특히 정부와 공공 기관이 축적한 데이터를 누구나 접근하고 활용할 수 있게 함으로써, 기술 민주주의와 사회적 투명성을 동시에 추구할 수 있다는 이상이 담겨 있다. 하지만 이러한 공개 데이터의 확장은 언제나 개인 정보 보호와의 충돌을 동반한다.

개인정보보호법은 '식별 가능한 정보'에 대한 통제를 기본 원칙으로 하며, 비식별화 조치 이후에도 잔존 위험에 대한 평가를 요구한다. 많은 AI 학습 데이터는 구조적으로 개인에 관한 정보가 혼합된 형태로 존재하며, 비식별화를 거치더라도 재식별 가능성이 존재한다. 공개 데이터를 제공하는 기관이 이 위험을 충분히 통제하지 못하면, AI 모델이 민감한 정보를 복원하거나 생성할 수 있는 위험이 뒤따른다.

법제적 충돌은 여기서 발생한다. 공공데이터법은 정보의 개방과 이용을 장려하지만, 개인정보보호법은 그 반대의 통제를 지향한다. 특히 공공 기관이 개방한 데이터에 개인 정보가 혼입된 경우, 그 책임 소재는 모호해지며, AI 모델 개발자는 예기치 않게 법적 위험을 안게 된다. 현재 우리나라 법제는 이 균형을 섬세하게 조정할 수 있는 통합적 기준을 마련하지 못하고 있다.

더욱이 AI 모델이 비식별 정보를 조합해 새로운 개인

프로파일을 구성할 경우, 문제는 비단 '데이터 개방'의 위험을 넘어, 기술 자체의 개인 정보 침해 가능성으로 확대된다. 최근 유럽에서 논의되는 '합성 데이터'의 규제 또한 이와 관련된다. 기술이 보호 대상이 되는 개인 정보와 비정보의 경계를 흐리는 시대, 기존의 규제 원칙은 그 한계를 드러내고 있다.

결국 공개 데이터의 활용은 기술적 가능성과 법적 정당성 사이의 정교한 균형 위에서만 유지될 수 있다. 이를 위해서는 첫째, 공공 데이터의 비식별화 기준 강화, 둘째, 민감 정보 자동 감지 기술의 개발, 셋째, AI 학습 단계에서의 개인 정보 침해 사전 검토 제도 같은 실질적 제도 설계가 요구된다. 그렇지만 사전 검토 제도는 현실적인 한계가 있다. 즉 모든 AI 학습 프로젝트에 의무화하기에는 비용과 행정 부담이 과도하게 소요될 수 있다. 또한 스타트업이나 비영리 연구자에게는 과도한 진입 장벽이 될 수 있다. 이러한 점으로 사전 검토는 지양되어야 한다.

오픈소스 AI 시대의 법적 인프라는 개방의 자유와 통제의 책임을 모두 포괄할 수 있어야 한다. 기술의 자유를 보장하면서도 인간의 존엄과 프라이버시를 보호하기 위한 새로운 규범 구조가 데이터 개방 논의의 핵심 과제가 되어야 한다.

데이터 기여자에게 정당한 보상이 가능한가

AI 모델의 성능은 결국 데이터의 질과 양에 의존한다. 하지만 오늘날 데이터 기여자인 콘텐츠 생산자, 사용자, 일반 시민은 자신이 생산하거나 제공한 데이터가 어떻게 쓰이는지 알지 못하며, 당연히 보상을 받는 구조도 없다. 이는 정보 사회에서 '데이터 노동'에 대한 정당한 권리 인식이 여전히 미비하다는 점을 드러낸다.

데이터 노동은 물리적 노동이나 정신적 노동과는 달리, 사용자 행위나 디지털 발자국을 통해 비가시적으로 이루어진다. 게시글, 클릭 패턴, 위치 정보 등은 AI 훈련의 핵심 자원으로 전환되며, 이 과정에서 데이터 생산자는 스스로 기여자임을 자각하지 못하는 경우가 많다. 하지만 기술적으로 이는 AI 산업 생태계의 핵심 생산 요소로 기능한다.

이러한 상황은 '데이터 보상의 필요성'을 주장하는 움직임으로 이어지고 있다. 대표적인 사례로는 유럽연합의 '데이터법(Data Act)'이 있으며, 이는 데이터 기여자와 플랫폼 간의 데이터 공유와 수익 배분 원칙을 일정 부분 제도화하려는 시도다. 또한 일본에서는 '데이터 거래

시장'과 '보상 메커니즘' 설계 논의가 진행 중이다.

우리나라의 경우, 경기도에서 데이터 기여자에게 마일리지나 소액 보상을 제공하는 시범 사업이 있었으나, 제도화 수준으로는 진전되지 못했다. 특히 민간에서 생성된 데이터에 대해서는 보상 기준도, 거래 구조도 부재한 상태이며, 기업 중심의 수익 구조가 고착화되어 있다. 이는 데이터 권리를 경제적 권리로 재해석하려는 흐름에 걸림돌이 된다.

법적 차원에서는 데이터 생산과 활용의 구분, 자발성과 무지에 기반한 동의의 유효성, 집단적 기여와 개별적 보상의 조화 등이 복합적으로 얽힌다. 단순히 '한 명의 사용자'에게 현금 보상을 지급하는 방식보다, 데이터를 제공한 공동체나 집단에 대한 구조적 보상 체계가 더 현실적일 수 있다. 이때 공공 데이터 기여자에게는 공공 배당 개념도 고려될 수 있다.

데이터 경제 시대에 필요한 것은 단순한 보상이 아니라 '기여의 인식'과 '권리의 정립'이다. 데이터 기여자 권리는 새로운 사회 계약의 기반으로 기능할 수 있으며, 오픈소스 생태계에서도 공정한 분배 구조의 중심이 되어야 한다. 법은 이를 선언하는 데 그치지 않고, 실질화하는 도구가 되어야 한다.

AI 데이터 시장의 국제 규범과 쟁점

AI 기술은 국경을 넘는다. 그러나 데이터는 여전히 국가 관할 아래에 있다. 이 간극은 AI 데이터 활용과 관련된 국제 분쟁과 규범 경쟁의 주요 원인이 된다. 특히 데이터 보호, 접근, 공유, 보상 등과 관련된 기준이 국가마다 다르기 때문에, 글로벌 오픈소스 AI 생태계는 불안정한 법적 환경 위에 서 있다.

유럽연합은 일반개인정보보호규정(GDPR, General Data Protection Regulation)을 통해 개인 정보 보호의 최고 수준을 유지하고 있으며, 최근에는 인공지능법과 데이터법(Data Act)을 통해 AI 학습과 데이터 거래에 대한 엄격한 규제 틀을 마련하고 있다. 반면 미국은 데이터 보호보다는 기업의 자유를 강조하는 경향이 강하며, 중국은 데이터 주권을 전면에 내세워 강력한 통제를 지속하고 있다. 각국의 규범 전략은 AI 오픈소스 생태계에 직접적 영향을 미친다.

특히 데이터세트의 출처가 다국적일 경우, 해당 데이터가 수집된 국가의 법률과 AI가 활용되는 국가의 법률 사이에 충돌이 발생할 수 있다. 예컨대 유럽에서 수집된 개인 정보 기반 데이터가 미국에서 훈련되어 우리나라에서 서비스되는 경우, 세 국가 간의 규제 정합성을 맞추는 것은 사실상 불가능에 가깝다. 이는 데이터 주권 개념의 글로벌 조율 필요성을 시사한다.

또한 데이터 보상과 관련된 국제 규범도 부재하다. 어느 국가의 법에 따라 데이터 제공자에게 보상을 할 것인지, 어떤 조건에서 무상 데이터가 상업적 이용이 허용되는지에 대한 국제적 합의는 없다. 이러한 공백은 글로벌 플랫폼 기업에게 유리하게 작용하며, 데이터 주체 국가 및 개인은 소외된다.

이러한 문제를 해결하기 위해서는 세계무역기구(WTO)나 경제협력개발기구(OECD) 등 국제기구를 통한 다자간 협약 체결이 필요하다. 특히 'AI 학습용 데이터의 국제 이용 기준', '데이터 보상 메커니즘의 공동 원칙'과 같은 사전 규범을 설정함으로써, AI 오픈소스 생태계의 지속 가능성과 정당성을 확보해야 한다. 이는 오픈소스의 자유를 해치지 않으면서, 그 자유가 누구에게도 해를 끼치지 않도록 하는 방법이기도 하다.

결국 AI 데이터는 정보이자 자원이며, 동시에 권리다. 데이터 주권과 글로벌 AI 생태계의 조화는 미래 기술 질서를 결정짓는 핵심 변수로 부상하고 있다. 이 과제를 해결하기 위한 법적 상상력과 제도적 설계는 AI 시대의 국제법의 중심 과제가 되어야 한다.

03
모델 개방인가, 플랫폼 독점인가: 오픈소스의 경계 전략

진짜 오픈소스는 '공개' 그 자체보다, 그것이 만들어 내는 권리와 책임의 분산 구조에 달려 있다. 정부와 시민 사회, 학계와 기술 커뮤니티가 함께 참여하는 정책 설계를 통해, AI 시대에도 오픈소스의 철학이 지속 가능하도록 해야 한다.

인공지능과 편향?

'오픈'의 정의는 누가 정하는가

AI 모델 개발자나 플랫폼 기업들은 자사 모델을 "오픈소스"라고 자처하지만, 그 개념은 점점 더 모호해지고 있다. 전통적으로 오픈소스는 소스코드 공개, 자유로운 재사용 · 수정 · 재배포를 핵심 요건으로 삼았다. 하지만 AI 모델은 코드, 가중치, 데이터, 학습방법 등 다층적 구조를 가지므로, 어느 수준의 공개가 '오픈'인지에 대한 합의조차 존재하지 않는다.

메타는 라마(LLaMA) 시리즈를 "연구 목적용 공개"라며 조건부 라이선스를 붙였고, 미스트랄(Mistral)이나 팔콘(Falcon) 모델은 가중치를 공개했지만 상업적 활용을 제한하거나 사전 승인을 요구하는 방식을 취하고 있다. 이러한 형태는 표면적으로는 개방을 표방하지만, 실제로는 재사용과 확산을 어렵게 만든다. 그래서 이를 두고 '거짓 개방(fake open)' 혹은 '전략적 개방(strategic openness)'이라는 비판이 제기되고 있다.

이런 현실은 '오픈'이라는 용어 자체가 상표처럼 마케팅 수단으로 사용되는 현상을 보여 준다. 기업은 개방성을 강조하며 개발자 커뮤니티와 정부의 신뢰를 얻고, 동시에 실제 통제권은 유지한다. 즉 개방의 이름으로 독점력을 강화하는 역설적 전략이다.

법적으로 보자면, '오픈소스'라는 용어에는 등록된 인증 체계가 없다. 소프트웨어의 경우 오픈소스 이니셔티브(OSI, Open Source Initiative)라는 기관이 최소 요건을 제시하지만, AI 모델에 그대로 적용하기는 어렵다. 따라서 기업의 자의적 선언이 '오픈소스' 여부를 결정짓고, 사용자는 이에 의존할 수밖에 없다.

이러한 상황은 제도적 대응의 필요성을 시사한다. 국가 차원에서 '공공성 있는 AI 오픈소스 기준'을 법률이나 가이드라인으로 정립하고, 민간 모델이 이를 충족하는지 여부를 인증하는 체계가 필요하다. 특히 공공 사업에 적용되는 AI는 반드시 실질적 개방 기준을 충족하도록 조건화해야 한다.

결론적으로, '오픈'이라는 개념은 더 이상 기술적 사실이 아니라 정치적 선언이 되었다. AI 시대의 오픈소스는 코드 공개 그 이상을 요구하며, 개방성의 실질을 검증할 수 있는 새로운 규범 체계가 절실히 요구된다.

허깅 페이스와 메타의 전략: 개방을 가장한 중심화

AI 생태계의 '오픈소스 허브'로 불리는 허깅 페이스는 수천 개의 모델과 데이터세트를 중앙화된 플랫폼 형태로 제공한다. 사용자는 쉽게 모델을 불러와 활용할 수 있으며, 개발자들은 자신의 모델을 게시해 커뮤니티와 공유할 수 있다. 겉보기에는 오픈소스의 이상적 구현처럼 보인다.

하지만 실질적으로 허깅 페이스는 데이터 흐름, 검색 노출, 협업 프레임워크에 대한 통제권을 갖고 있으며, 이를 통해 플랫폼 권력을 형성한다. 오픈소스 커뮤니티의 중심에 있지만, 그 운영 구조는 중앙 집중형 플랫폼과 크게 다르지 않다. 사용자 계정, 사용 이력, 모델 가시성 등 핵심 메커니즘이 기업에 집중돼 있다는 점에서, 투명성과 분산성은 한계가 있다.

메타의 경우도 유사한 전략을 사용한다. 라마 모델은 오픈이라고 주장하지만, 실제 사용에는 승인 절차가 요구되며, 특정 기관이나 연구자에게만 우선권을 부여한다. 이는 기술 선점 효과를 유지하면서도 '개방 기업'이라는 이미지를 유지하는 이중 전략이다.

이러한 행태는 법적으로는 계약상의 조건 설정으로 정당화되지만, 실질적으로는 개방의 진정성을 훼손하는 방식으로 기능한다. 더 나아가, 플랫폼 기업은 자신이 설정한 오픈 조건을 언제든 수정하거나 철회할 수 있는 권한을 가진다. 사용자는 지속적인 의존 상태에 놓이게

되며, 기술 자립성은 오히려 약화된다.

플랫폼 중심의 오픈소스는 결국 '형식적 공유+실질적 통제'라는 패러다임을 낳는다. 이는 기존의 탈중앙 · 공유 · 자율이라는 오픈소스 철학과는 근본적으로 상충하며, 새로운 규제적 접근이 필요하다. 특히 공공 정책 설계 시, 플랫폼형 오픈소스와 진정한 오픈소스를 구별할 수 있는 기준이 마련되어야 한다.

요컨대 허깅 페이스와 메타의 전략은 오픈소스를 가장한 권력의 집중화다. 우리가 지켜야 할 것은 '오픈소스'라는 단어가 아니라, 그 안에 담긴 철학과 구조적 분산성이라는 점을 잊지 말아야 한다.

클라우드 종속성과 플랫폼 락인 효과

오늘날 대부분의 AI 오픈소스 모델은 클라우드상에서 훈련되고 배포된다. 이는 지피유(GPU) 자원이 고가이며, 대규모 데이터와 연산이 필요한 AI 개발 특성상 불가피한 구조이다. 그러나 이로 인해 오픈소스 AI는 다시금 특정 플랫폼, 예를 들면 아마존 웹 서비스(AWS, Amazon Web Services), 애저(Azure), 구글 클라우드 등에 종속되는 경향을 보이고 있다.

클라우드 기반의 모델 배포는 사용자에게 편의성을

제공하지만, 동시에 락인(lock-in) 효과를 강화한다. 사용자는 특정 플랫폼에서 제공하는 환경과 에이피아이(API)에 익숙해지며, 이를 벗어나려 할 때에는 비용과 기술 장벽이 따른다. 결과적으로 AI 개발자들은 자유롭게 보이지만, 실제로는 플랫폼 생태계의 일원으로서 제한된 자유를 누린다.

오픈소스 모델조차 특정 플랫폼에 최적화되어 제공되면, 그 개방성은 기술적으로나 법적으로 약화된다. 예를 들어, 메타의 라마가 아마존 웹 서비스에서만 쉽게 구동된다면, 아마존 웹 서비스 인프라에 접근하지 못하는 개발자에게는 사실상 '폐쇄된 모델'이 된다. 이는 개방성과 접근 가능성의 분리라는 문제를 드러낸다.

또한 클라우드 플랫폼은 오픈소스 생태계의 상업화를 적극적으로 유도한다. 사용자의 추적, 에이피아이(API) 과금, 마켓플레이스 구조는 모두 수익화를 목적으로 설계된다. 따라서 오픈소스 모델이 클라우드상에서 유통되는 순간, 그것은 상업적 자산으로 재구성되며, 이용자의 자유는 계약 조건에 따라 제한된다.

법적으로도 클라우드 기반 오픈소스의 라이선스 해석은 복잡해진다. 물리적 소유 없이 접근이 제공되는 구조에서는 '사용권', '재사용권', '변형권'의 개념이 달라지고,

클라우드 사업자는 플랫폼 규약을 통해 이용 범위를 제한할 수 있다. 이는 사실상 사적 규칙이 공적 기술 이용의 룰이 되는 구조다.

결국 클라우드는 AI 오픈소스의 '신규 독점 지대'가 될 수 있다. 오픈소스의 개방성을 보장하기 위해서는 클라우드 인프라의 공공성 확보, 탈중앙형 배포 메커니즘, 플랫폼 종속에 대한 정책적 완충 장치가 병행되어야 한다.

모범 사례인가 위험 전이인가

라마, 팔콘, 미스트랄은 최근 '오픈소스 AI 모델'의 대표 사례로 거론된다. 이들은 기존의 폐쇄형 AI 모델에 비해 상당히 넓은 범위의 모델 가중치(weights)와 구조 정보를 공개하였고, 비교적 접근이 용이한 형태로 제공되었다. 특히 라마는 메타가, 팔콘은 아랍에미리트 국립 연구 기관이, 미스트랄은 프랑스의 스타트업이 각각 주도하여, 지역별 기술 다양성과 모델 민주화를 촉진했다는 평가도 받았다.

이 모델들이 진정한 의미에서 오픈소스인가에 대해선 비판이 많다. 라마(LLaMA) 1세대는 "비상업적 연구 목적에 한해" 이용 가능하다는 조건이 붙어 상업적 활용이 금지되었으나, 2024년 공개된 라마 2세대는 메타 전용 라이선스하에 연구 · 상업적 활용이 모두 허용되었다. 팔콘과 미스트랄 역시 상업적 활용에는 제약이 있거나 특정 라이선스 계약을 요구한다. 사용자는 공개된 모델을 확인할 수는 있으나, 그 활용은 엄격한 조건하에서만 가능하다. 이는 기술적 개방성과 법적 폐쇄성 간의 모순을 낳는다.

또한 이러한 모델들은 대형 언어 모델이라는 점에서 그 자체로 위험 요소를 내포한다. 오픈된 모델이기 때문에 누구든지 이를 이용해 허위 정보 생성, 음란물 제작, 인종 차별적 콘텐츠 생성 등에 활용할 수 있다. 실제로 라마 기반의 모델은 다크웹에서 '무검열 AI 챗봇'으로 빠르게 변형되어 사용되었으며, 정부의 규제도 사실상 무력화되었다.

더 큰 문제는 위험이 사용자에게 전가된다는 점이다. 기업은 모델을 공개하되, 그 이후의 사용에 대해서는 법적 책임을 회피한다. 이는 '모범 사례'로 간주된 오픈소스 모델이 실질적으로는 위험의 분산 장치로 활용되는 양상이다. 오히려 폐쇄형 모델보다도 사회적 안전망이 약하다는 비판이 제기될 수 있다.

법적으로는 '책임 없는 개방'이라는 구조가 방치되고 있다. 오픈소스 소프트웨어에는 일반 공중 사용 허가서

(GPL) 등의 법적 보호 장치가 있으나, AI 모델에는 이와 유사한 책임 기준이 없다. 또한 플랫폼 기업은 '오픈'이라는 이름으로 모델을 배포하면서도, 그로 인해 발생한 부작용에 대한 법적 · 윤리적 의무를 지지 않는다.

이러한 현실은 오픈소스 AI 모델의 '모범 사례'가 곧바로 '위험 전이 메커니즘'이 될 수 있음을 보여 준다. 따라서 향후 오픈소스 모델의 유통과 이용에는 반드시 안전성 평가, 악용 방지 구조, 사후 책임 귀속 장치를 결합한 법 제도가 수반되어야 한다. 개방성과 안전은 대립이 아니라 병존의 대상이다.

진짜 오픈소스를 위한 정책 설계 기준

AI 오픈소스에 대한 논의는 이제 단순한 기술 공개의 문제가 아니라, 공공성과 민주성의 구조 설계로 확장되고 있다. 이를 위해서는 '진짜 오픈소스'가 갖추어야 할 최소 기준을 제도적으로 확립할 필요가 있다. 법과 정책은 이 기준을 마련하고, 공공 영역에서 이를 준수하도록 조건화하는 역할을 해야 한다.

첫째, 명확한 개방 기준이 필요하다. 모델의 구성 요소(코드, 파라미터, 학습 방법, 데이터세트 사용 내역 등)가 어느 정도까지 공개되어야 오픈소스로 간주할 수 있는지를 정의해야 한다. 이를 위해 AI 분야의 '오픈소스 인증제'나 '공개 등급제'를 도입하는 방안이 논의될 수 있다.

둘째, 접근성과 활용 가능성에 관한 조건을 설정해야 한다. 단순히 파일을 업로드하는 것을 넘어서, 누구나 기술적으로 접근 가능하고, 라이선스상 공정하게 이용할 수 있어야 한다. 예를 들어 특정 기업이나 국가만 접근 가능한 방식은 '개방'이 아니라 '선별적 공개'에 불과하다.

셋째, 공공 사업 및 공적 자금 지원 모델에 대한 오픈소스 조건 부과가 중요하다. 정부가 지원하는 AI 연구개발, 공공 챗봇, 교육용 모델 등에 대해서는 반드시 모델의 핵심 구조와 학습 데이터의 투명성 확보가 요구되어야 한다. 이는 AI 기술의 공공성을 담보하는 핵심 수단이다.

넷째, 오픈소스 모델의 책임 귀속 원칙도 확립해야 한다. 모델을 공개한 주체가 일정 수준의 기술적 위험에 대한 책임을 지도록 하거나, 이용자가 책임을 인식할 수 있도록 사전 고지 · 가이드라인 · 안전 기능 등을 법제화할 필요가 있다. 개방의 자유는 면책 특권이 되어선 안 된다.

마지막으로, 국제 공조 체계가 필요하다. 오픈소스 AI가 전 세계적으로 유통되는 현실에서, 개방 기준, 이용 조건, 책임 원칙에 대한 국제적인 최소 합의가 이루어지지 않으면, 기술은 국경을 넘고 책임은 사라지는 불균형 구조가 고착될 수 있다. 이 점에서 '오픈소스 AI 윤리 원칙'과 같은 다자간 협약이 요구된다.

결론적으로, 진짜 오픈소스는 '공개' 그 자체보다 그것이 만들어 내는 권리와 책임의 분산 구조에 달려 있다. 정부와 시민 사회, 학계와 기술 커뮤니티가 함께 참여하는 정책 설계를 통해, AI 시대에도 오픈소스의 철학이 지속 가능하도록 해야 한다.

04
AI 오픈소스와 무상 노동: 기여자의 권리와 자본의 수익화

오픈소스 AI 생태계는 단순한 개방이 아닌 '공정한 개방'을 지향해야 한다. 기여자의 권리 보호와 수익 분배를 제도화하지 않는다면, 오픈소스는 자본 권력을 위한 인프라로 전락할 수 있다. 법은 이러한 구조를 균형 있게 조정해야 하며, 그 중심에는 '공정성'이라는 원칙이 있어야 한다.

청각장애인과 AI?

커뮤니티 개발자와 무급 기여의 제도적 부재

오픈소스 생태계는 수많은 자발적 기여자들의 노력 위에 세워진 구조다. 버그를 수정하고, 문서를 보완하고, 새로운 기능을 추가하는 수많은 풀 리퀘스트(PR, Pull Request)가 바로 생태계의 혈관을 이룬다. 풀 리퀘스트란 오픈소스 프로젝트에 기여자(contributor)가 자신의 변경 사항(예: 버그 수정, 기능 추가, 문서 개선 등)을 원본 저장소(main repository)에 반영해 달라고 요청하는 행위를 말한다. 이를 받은 프로젝트 관리자(maintainer)는 코드 리뷰와 토론을 거쳐 병합(merge) 여부를 결정한다. 즉 풀 리퀘스트는 "내가 개선한 내용을 받아 달라"는 공식 제안이며, 이를 중심으로 오픈소스 협업이 이뤄지게 된다. 이러한 기여는 대부분 무보수이며, 공적 기록만으로 귀결되는 경우가 많다. 특히 AI 분야에서는 커뮤니티 개발자가 생성한 모델이나 튜닝 기법이 기업의 상업적 플랫폼에 흡수되는 일이 빈번하다.

문제는 이 구조에 대한 법적 · 제도적 보호 장치가 사실상 부재하다는 점이다. 기여자는 대개 플랫폼이나 프로젝트의 기여 가이드에 동의하는 방식으로 참여하며, 여기에 명시된 법적 조건은 대부분 '기여물의 무상 양도'를 기본으로 한다. 이는 실질적으로 노동의 무상 전용이며, 노동법이나 저작권법의 보호 대상에서 벗어나 있다.

AI 모델은 하나의 기여로 완성되지 않는다. 다수의 코드 수정, 모델 파인튜닝, 데이터 정제 등의 집합적 행위가 최종 성능을 결정하며, 이 과정에서 많은 커뮤니티 구성원이 참여한다. 하지만 상업적 결과물은 대부분 단일 기업 명의로 등록되며, 수익도 독점된다. 기여자는 실질적으로 상품 개발에 참여했음에도 어떤 권리도 인정받지 못한다.

이러한 문제는 법적 대응을 어렵게 만든다. 기여자가 자신이 제공한 코드나 알고리즘을 철회하거나, 수익을 요구하려 할 경우, 오픈소스 라이선스에 따라 이미 포기한 권리로 간주된다. 기여라는 행위가 법적으로 '노동'인지, '자원봉사'인지조차 명확히 정리되지 않았기 때문에, 보호 요청 자체가 어렵다.

이러한 구조는 오픈소스의 지속 가능성을 해치고 있다. 기여자가 상시적으로 탈락하거나, 기여를 지속할 동기를 상실하면, 생태계 전체의 혁신력이 약화된다. 개발자의 윤리와 헌신에 기대는 구조는 산업화된 AI 생태계에서는 더 이상 유지되기 어렵다.

따라서 기여자의 법적 지위와 권리를 인정하는 제도 설계가 시급하다. '기여 계약'의 표준화, 수익 배분 약정,

커뮤니티 크레디트에 대한 법적 보호, 공공 프로젝트의 유료화 등이 검토될 수 있다. 오픈소스의 철학을 훼손하지 않으면서, 기여자의 권리를 제도화하는 정교한 균형이 필요하다.

풀 리퀘스트가 누군가의 수익으로 연결될 때

AI 오픈소스 프로젝트는 깃허브와 같은 플랫폼에서 운영되는 경우가 많고, 기여자는 풀 리퀘스트를 통해 기능이나 수정을 제안한다. 이 풀 리퀘스트가 채택되면, 프로젝트는 그 기능을 반영하여 전체 모델을 개선하거나 제품화할 수 있다. 그러나 이 과정에서 풀 리퀘스트 기여자는 실질적 권리나 보상을 받지 못한다.

반면 대기업이나 플랫폼 운영자는 이 기능을 상용화하여 수익을 창출할 수 있다. 예컨대 허깅 페이스는 커뮤니티 기여를 통해 쌓인 모델을 에이피아이(API) 상품으로 제공하고, 이를 통해 과금 수익을 올린다. 이때 실질적 기여자인 개발자들은 수익 구조에서 배제된다. 이는 '공동 개발-단독 수익'의 전형적 사례다.

법적으로 풀 리퀘스트는 저작물로 볼 수 있다. 창작성 있는 코드 기여는 저작권법상 보호 대상이 될 수 있으며, 그 권리는 원칙적으로 기여자에게 귀속된다. 그러나 대부분의 플랫폼은 풀 리퀘스트 제출 시 '라이선스 조건에 동의한 것으로 간주'하며, 이는 실질적으로 저작권의 비독점적 혹은 독점적 사용권을 플랫폼 측에 부여하는 셈이다.

이러한 구조는 일방적이고 불균형적이다. 개발자는 자신의 권리를 행사할 기회를 놓치며, 기업은 이를 최대한 활용하여 이윤을 극대화한다. 이는 풀 리퀘스트라는 기술적 협업 구조가, 실질적으로는 노동력 수탈의 장으로 기능할 수 있음을 보여 준다.

이 문제를 해결하기 위해서는 풀 리퀘스트 기여에 대한 경제적 보상 체계나 로열티 배분 구조가 필요하다. 예를 들어 깃허브 코파일럿(GitHub Copilot)의 경우, 훈련에 사용된 오픈소스 코드의 저작권 침해 논란이 발생했으며, 이 사건은 풀 리퀘스트 기여자의 권리 문제를 다시 부각했다.

따라서 향후 풀 리퀘스트 기반 오픈소스 모델에서는 일정 규모 이상의 수익이 발생할 경우 기여자에게 일정 비율을 환원하는 '기여자 수익 분배 규정'이 필요하다. 이는 단순한 보상이 아니라, 오픈소스 생태계의 정의로운 지속 가능성을 위한 기본 조건이다.

크레디트, 인센티브, 로열티—새로운 보상 모델은 가능한가

오픈소스 생태계의 지속 가능성을 위해서는 단순한 명예 또는 자발성에만 의존하는 방식에서 벗어나야 한다. 특히 AI와 같이 산업화된 기술 분야에서는 기여자의 노동 가치를 정당하게 환산하고, 이에 상응하는 보상을 제공할 수 있는 구조적 장치가 필요하다. 크레디트, 인센티브, 로열티는 이러한 보상 메커니즘의 세 가지 축으로 주목받고 있다.

먼저 크레디트(credit)는 프로젝트 문서나 논문, 제품 소개 등에서 기여자의 이름을 명시하는 방식이다. 이는 상징적이지만, 직무 이력과 경력으로 연결되는 측면에서 실질적 가치를 가진다. 다만 크레디트의 기준이 명확하지 않거나 고의적으로 누락되는 경우가 많고, 집단 기여 상황에서는 개인 공로가 희석되는 문제가 있다.

인센티브는 기업이나 플랫폼이 자발적 기여자에게 소정의 현금 보상이나 리워드를 제공하는 방식이다. 허깅페이스(Hugging Face)는 주로 대회나 협력 프로그램을 통해 제한적 보상을 제공하며, 깃허브 스폰서(GitHub Sponsors)는 후원자가 특정 개발자에게 직접 후원할 수 있는 구조를 갖추고 있다. 구글 서머 오브 코드(Google

Summer of Code)는 학생 개발자에게 장학금 형태의 금전적 지원을 제공하는 대표적 프로그램이다. 그러나 이러한 제도들은 대체로 일부 인기 프로젝트나 선발된 기여자에게만 집중되는 경향이 강하며, 전체 오픈소스 기여자 다수는 여전히 무보수 상태로 활동하고 있다. 또한 보상의 결정권이 기업에만 있다는 점에서 공정성 논란도 있다.

로열티는 가장 진보적인 모델이다. 일정 수준 이상의 수익이 발생한 경우, 기여자에게 일정 비율의 금액을 지급하는 방식으로, 창작자와 유통자의 수익을 공유하는 원칙에 기반한다. 그러나 오픈소스 라이선스는 기본적으로 무료 이용을 전제하므로, 로열티를 적용하려면 계약 구조 자체를 새로 설계해야 한다. 이는 기술적으로도 법적으로도 도전 과제다.

현실적으로는 하이브리드 모델이 유효할 수 있다. 예컨대 기여자의 코드가 채택되고, 해당 코드가 포함된 AI 모델이 상업화될 경우, 일정 비율의 수익을 자동 분배하거나, 기여자를 기반으로 한 블록체인 기반 기여 기록 시스템을 통해 정산하는 방식 등이 제안되고 있다.

요컨대 AI 오픈소스 분야의 보상 체계는 "선의에 의존하는 협업"에서 "권리로서의 보상"으로 전환되어야 한다. 기술의 진보는 그것을 지탱하는 수많은 기여자의 노동을 정당하게 대우할 때 지속 가능해진다. 보상 모델은 이제 윤리의 문제가 아니라 구조의 문제다.

AI 기여 플랫폼의 윤리와 법적 책임

AI 오픈소스 기여는 단지 코드의 문제가 아니라, 플랫폼이 기여자와 어떤 관계를 맺고 있는지에 대한 윤리적 문제이기도 하다. 플랫폼이 커뮤니티의 기여를 조직하고, 유통하며, 상업적으로 전용하는 구조에서 그 윤리성과 책임 구조는 분명히 드러나야 한다.

플랫폼 기업은 자신을 '중립적 중개자'로 포지셔닝하는 경향이 있다. 깃허브, 허깅 페이스 등은 사용자 간의 자율적 교류를 장려하면서도, 실질적으로는 큐레이션 알고리즘, 검색 노출, 추천 시스템을 통해 정보 흐름을 통제하고 있다. 이러한 '기술 중립성' 주장은 실상 플랫폼 책임 회피 논리에 가깝다.

법적으로 플랫폼은 면책을 주장할 수 있으나, 커뮤니티 기반 AI 모델이 상업화되거나, 악용될 경우 일정 수준의 윤리적 책임은 불가피하다. 예를 들어, 특정 기여자가 제공한 학습 데이터가 저작권을 침해하거나 개인 정보를 포함한 경우, 플랫폼은 단순한 호스팅 이상으로 작동했는지를 검토받을 수 있다.

또한 플랫폼이 '기여자 선정 · 검증 · 추천' 기능을 수행하는 경우, 실질적으로는 공동 개발자 또는 사업 주체로 간주될 여지가 있다. 이는 유럽의 디지털서비스법(DSA, Digital Services Act)이나 미국 통신품위법(Communications Decency Act, 1996) 제230조 논의처럼, 플랫폼의 책임 수준을 기술적 중개자에서 행위 주체로 확장할 필요성을 시사한다.

윤리적으로는 플랫폼이 기여자에게 충분한 정보를 제공하고, 그들이 무엇에 동의하고 있는지를 명확히 인식시켜야 한다. 단순한 체크박스 기반의 동의는 충분하지 않다. 기여자가 자신의 코드가 어디에 어떻게 사용되는지를 확인할 수 있는 추적성 기능, 삭제 요청 권한, 사용 조건 수정 가능성이 보장돼야 한다.

궁극적으로 AI 기여 플랫폼은 기여자와의 관계를 '자발적 교류'가 아닌 '책임 있는 계약 관계'로 전환해야 한다. 기여는 참여이지만, 동시에 권리의 행사이며, 그에 걸맞은 구조가 갖추어져야 플랫폼 생태계도 윤리적으로 존속할 수 있다.

공정한 오픈소스 생태계를 위한 제도 설계

AI 오픈소스 생태계를 공정하게 유지하기 위해서는 단순한 기술적 개방을 넘어선 법적·제도적 장치가 필요하다. 지금까지의 오픈소스는 윤리와 선의에 기반한 자율적 구조였지만, AI 산업의 상업화와 중앙화는 이를 법적 권리와 계약 기반 구조로 전환할 것을 요구한다.

첫째, 기여자의 권리를 보호하기 위한 법적 지위 부여가 필요하다. 현재 오픈소스 기여자는 노동자도, 저작권자도 아닌 모호한 지위에 놓여 있다. '기술 기여 계약서'를 통해 각 기여 유형별 권리 범위를 정하고, 플랫폼이 이를 명시적으로 보장하는 구조가 필요하다.

둘째, 공공 플랫폼의 의무 기준 설정이 중요하다. 정부나 공공 기관이 운영하거나 자금을 지원받는 AI 플랫폼은 기여자에 대한 공정 보상 기준, 정보 투명성, 기여 기록 보호 등의 의무를 갖도록 제도화해야 한다. 특히 연구 목적 AI 프로젝트에는 '기여자 보호 조항'을 포함한 모델 개발 계약이 필요하다.

셋째, 수익 배분 체계의 법제화가 요구된다. AI 에이피아이(API)나 모델이 상업화될 경우, 기여자에게 일정한 분배율을 부여하거나, 최소한의 보상 규정이 적용되도록 하는 조항이 도입되어야 한다. 이는 저작권과 계약

법, 공정거래법의 교차 지점에서 설계되어야 하며, 집단적 보상 방식도 가능하다.

넷째, 기여 추적과 투명성 기술의 개발이 병행돼야 한다. 블록체인, 토큰화 시스템, 해시 기반 저작 추적 기술을 활용하여 누가 무엇을 어떻게 기여했는지를 지속적으로 확인할 수 있도록 해야 한다. 이는 분쟁 예방뿐 아니라 생태계 신뢰를 높이는 핵심 기반이다.

마지막으로, 윤리적 거버넌스 구조가 반드시 병행되어야 한다. 기술 기여와 보상의 구조가 왜곡되면, 커뮤니티는 이탈하고, 독점 기업만이 이익을 누리는 구조로 고착된다. 이를 방지하기 위해 비영리 거버넌스 기구, 기여자 협의체, 공공감독 기제를 마련해야 한다.

결론적으로 오픈소스 AI 생태계는 단순한 개방이 아닌 '공정한 개방'을 지향해야 한다. 기여자의 권리 보호와 수익 분배를 제도화하지 않는다면, 오픈소스는 자본 권력을 위한 인프라로 전락할 수 있다. 법은 이러한 구조를 균형 있게 조정해야 하며, 그 중심에는 '공정성'이라는 원칙이 있어야 한다.

05
기술 주권과 오픈소스: 공공 AI 개발의 조건과 한계

기술 복지는 기술을 가진 자만의 권리가 아닌, 모든 사람의 공통 자산으로서 기술을 바라보는 관점이다. AI 시대의 사회복지는 복지와 기술이 만나는 교차점에서 새롭게 정의되어야 하며, 오픈소스는 그 핵심적 실현 수단이 될 수 있다.

AI 콘텐츠 크리에이터?

국산 모델의 현실과 과제: '공공 오픈소스 AI'의 필요성

AI 모델의 개발은 국가 기술 역량의 바로미터가 되고 있다. 지피티, 제미나이(Gemini), 클로드(Claude) 등 글로벌 AI 모델이 미국과 일부 기술 강국에 집중되는 현실에서, 대한민국을 포함한 다수 국가는 국산 AI 모델 개발을 통해 기술 주권을 확보하고자 한다. 이때 '공공 오픈소스 AI'의 개념은 자율성과 공공성을 동시에 추구하는 전략으로 주목받고 있다.

국산 AI 모델의 개발은 높은 기술력, 대규모 학습 자원, 풍부한 언어 · 문화 데이터가 필수적이다. 그러나 현실은 열악하다. 국내 기업은 지피유(GPU) 인프라에서 해외 클라우드에 의존하고 있고, 데이터세트의 품질과 규모도 제한적이다. 더 나아가 대부분의 기술 인력은 대기업이나 해외 플랫폼에 편중되어 있어, 공공 연구 기관이나 스타트업의 경쟁력은 약화되고 있다.

이러한 구조적 열세를 타개하기 위해서는 단순히 '국산 모델'이라는 명분에 의존하기보다, 사회 전체가 활용 가능한 '공공 오픈소스 모델'을 목표로 설정할 필요가 있다. 이는 민간이 활용할 수 있는 기반 모델을 공공이 개발하고, 일정 수준의 개방성을 유지하며, 국내 데이터와 언어 특화 기능을 반영함으로써 가능해진다.

공공 AI 모델은 기술 독립성과 더불어 공공성과도 확보할 수 있다. 교육, 복지, 행정, 재난 등 국가적 목적에 필요한 AI 기술을 자체적으로 보유한다는 것은 외국 기업에 의존하지 않는 자주적 기술 운용 능력을 의미한다. 또한 공공 개발 모델은 결과물에 대한 통제와 사회적 책임도 병행할 수 있다.

그러나 이를 위해선 정부의 단순 연구 개발 예산 집행을 넘어서는 전략적 투자와 인프라 조성, 라이선스 설계, 법제화 등이 필요하다. 특히 공공 AI 개발 결과물을 '정부 소유'로 묶는 것이 아니라, '사회 공유 자산'으로 관리하는 새로운 패러다임이 요구된다.

결론적으로 기술 주권은 단지 '우리 것이냐'의 문제가 아니라 '누구를 위한 것이냐'의 문제다. 국산 AI 모델이 사회 전체를 위한 오픈소스 자산이 될 때, 진정한 기술 주권과 디지털 민주주의가 동시에 가능해진다.

지피유(GPU) 인프라와 소프트웨어 자립의 문제

AI 기술의 발전은 연산 자원의 크기와 밀접하게 연결된다. 특히 대규모 언어 모델(LLM, Large Language Models)

의 훈련에는 수천 개의 지피유(GPU)와 고속 네트워크 인프라가 요구된다. 그러나 국내에서는 이처럼 고성능 컴퓨팅 자원을 안정적으로 확보한 공공 인프라가 부족하며, 대부분의 개발 기관은 아마존 웹 서비스, 애저, 구글 클라우드 등 해외 플랫폼에 의존하고 있다.

이러한 의존 구조는 심각한 기술 주권의 약화를 의미한다. 공공 AI 개발 사업조차 민간 클라우드를 기반으로 진행되는 경우가 많고, 핵심 연산 자원이 외국 기업의 상업 서비스에 묶여 있는 상황에서, AI 모델의 완전한 통제권은 실현되기 어렵다. 데이터의 보안성, 운영의 지속 가능성, 비용 구조 면에서 모두 취약성이 드러난다.

또한 지피유(GPU) 인프라뿐 아니라, 모델 훈련용 프레임워크와 최적화 라이브러리도 대부분 해외 오픈소스나 상용 솔루션에 의존한다. 이는 기술 자립의 어려움을 더욱 심화한다. 우리말에 특화된 사전 처리 기술, 법·행정 텍스트 처리 라이브러리 등도 부족하여, 국산 AI 모델의 정밀도와 활용 범위에 제한을 준다.

이러한 상황에서 필요한 것은 'AI 공공 컴퓨팅 인프라'의 구축이다. 국책 연구 기관, 지자체, 대학, 스타트업 등이 공동 활용할 수 있는 지피유(GPU) 클러스터를 구축하고, 모델 훈련에 특화된 최적화 도구, 병렬 처리 프레임워크를 자체적으로 개발해야 한다. 이는 단순한 자산의 문제가 아니라 국가의 기술 주권 기반이다.

법 제도적으로는 이러한 공공 인프라의 사용을 투명하고 공정하게 운영하기 위한 운영 규칙과 우선순위 기준이 정립돼야 하며, 민간 기업의 독점적 사용이나 편중 현상을 방지해야 한다. 특히 스타트업과 연구소의 자유로운 접근을 보장하는 법적 장치가 필요하다.

요컨대 기술 주권의 출발점은 연산 주권이다. 공공지피유(GPU) 인프라 없이 AI를 개발하는 것은 마치 전기가 없는 공장에서 생산을 논하는 것과 같다. 국산 AI 개발이 실질적인 힘을 가지려면, 하드웨어 · 소프트웨어 · 법 제도 세 축이 통합적으로 뒷받침돼야 한다.

공공 AI와 민간 협력의 설계 원칙

공공이 AI 모델을 개발한다는 것은 단지 자체 기술 확보에 그치지 않고, 전체 사회를 위한 기술 생태계를 조성한다는 의미를 갖는다. 이러한 목적을 달성하기 위해서는 공공과 민간이 명확한 역할 분담과 협업 기준 아래에서 동반자적 구조를 구성해야 한다. 민간 기업의 기술력과 시장 경험, 공공의 안정성과 책임성을 결합하는 전략이 중요하다.

그러나 단순히 공공이 예산을 지원하고 민간이 개발을 맡는 구조는 자칫 기술과 지적 재산의 민간 사유화를 초래할 수 있다. 실제로 수백억 원의 공공 자금을 통해 개발된 AI 기술이 민간 기업의 지식재산으로 등록되거나, 상업적으로만 활용되는 사례가 적지 않다. 이는 기술 주권이라는 목적과 배치된다.

따라서 공공-민간 협력에는 반드시 '공공 환원' 조건이 포함되어야 한다. 예컨대 공공 자금으로 개발된 모델은 일정 수준까지 오픈소스로 공개하거나, 학계 · 스타트업이 자유롭게 재사용할 수 있는 에이피아이(API) 형태로 배포되어야 한다. 또한 공동 개발 시, 기여율에 따라 성과를 공정하게 공유하고, 수익이 발생한 경우 기여 기관 간 분배 기준도 사전에 정립되어야 한다.

법적 관점에서도 이 협력 구조는 기존의 정부 연구 개발(R&D) 계약 방식에서 진화할 필요가 있다. 국가계약법이나 지식재산권 귀속 규정은 오픈소스와 공공 데이터 공유의 개념을 충분히 반영하지 못하고 있다. 새로운 협약 모델과 표준계약서(예: 공공 오픈소스 공동 개발 계약서) 마련이 요구된다.

또한 협력의 투명성을 확보하기 위한 절차적 장치도 중요하다. 개발 과정을 공개하고, 각 단계의 의사결정에

이해관계자와 시민 사회가 참여할 수 있는 구조를 갖추는 것이 바람직하다. 이는 기술을 '공공 서비스'로 인식하고, 이에 걸맞은 거버넌스를 마련하기 위한 핵심 조건이다.

공공과 민간의 협력은 선택이 아니라 필수다. 하지만 그 협력은 기술 독점의 사다리가 아닌 기술 공유의 인프라로 설계되어야 한다. 진정한 공공 AI는 협력의 구조 자체가 공정하고 민주적일 때 비로소 실현된다.

오픈소스 활용 시 기술 주권 확보 방안

오픈소스는 기술 발전의 원동력이면서도, 역설적으로 주권 상실의 원인이 될 수 있다. 외국의 오픈소스 모델을 무비판적으로 수입하여 활용하는 경우, 기술 접근의 자유를 얻는 동시에 핵심 기술 제어권을 상실할 수 있기 때문이다. 이는 특히 AI 모델처럼 기술이 집적화된 분야에서 더욱 두드러진다.

기술 주권을 확보하기 위한 오픈소스 전략은 두 방향에서 설계되어야 한다. 첫째는 오픈소스 활용의 독립성 확보, 둘째는 오픈소스 기술의 내재화다. 전자는 외국 모델에 대한 종속을 줄이는 구조적 조건을 의미하고, 후자는 모델을 커스터마이징하고, 유지 · 보수할 수 있는 자국 기술력을 의미한다.

이러한 전략의 출발점은 오픈소스의 법적 구조를 정확히 이해하는 것이다. 오픈소스 라이선스에는 권리와 의무가 동시에 포함되어 있다. 일반 공중 사용 허가서(GPL)나 아파치(Apache), 엠아이티(MIT), 레일(RAIL, Responsible AI License) 등 다양한 라이선스의 특성을 분석하여, 장기적으로 어떤 모델이 국가 또는 기관 차원의 기술 전략과 부합하는지를 판단해야 한다. 예컨대 상용화 제한이 있는 경우에는 산업적 활용이 제약될 수 있다.

또한 오픈소스 모델을 재사용할 경우에도, 이를 단순히 에이피아이(API) 수준에서 소비하는 것이 아니라, 모델 자체를 수정하고 재학습할 수 있는 수준의 기술력을 갖추는 것이 중요하다. 이를 위해서는 언어 · 법률 · 행정 등 국내 특화 데이터로 모델을 튜닝할 수 있는 인력과 인프라가 필요하다.

기술 주권은 법적, 기술적, 정책적 프레임이 통합되어야 가능하다. 따라서 오픈소스 기반 모델을 도입할 경우, 라이선스 해석 지원, 보안 취약성 점검 체계, 기술 종속성 분석 보고서 제출 등을 의무화할 수 있다. 또한 공공기관이 사용하는 오픈소스 모델에 대해서는 '기술 내재화 계획서'를 요구하는 제도도 고려할 수 있다.

오픈소스는 열려 있다는 점에서 가능성이자 위기다. 기술 주권을 확보하려면, 오픈소스를 단순히 사용하는 것이 아니라, 설계하고 보완하고 재공유하는 주체가 되어야 한다. 기술의 문을 여는 것과 기술의 방향을 잡는 것은 다른 일이며, 우리는 후자를 목표로 해야 한다.

기술 복지와 AI 기반 사회 인프라의 방향

AI 기술은 단지 산업 성장의 수단이 아니라, 사회 인프라로서의 기능을 수행하고 있다. 공공 행정, 교육, 돌봄, 의료, 재난 대응 등 국민 생활의 핵심 영역에서 AI가 점차 전면적으로 도입되고 있다. 이러한 시대에는 '기술 접근의 권리'가 사회 복지의 연장선에서 논의되어야 한다. 즉 기술 복지라는 개념이 필요하다.

기술 복지는 모든 국민이 기본적인 AI 서비스에 접근하고, 이를 통해 생활의 질을 향상할 수 있도록 국가가 보장해야 하는 책임을 의미한다. 이는 단순한 기술 배급이 아니라, 접근 가능성, 이해 가능성, 제어 가능성을 아우르는 포괄적 개념이다. 특히 디지털 소외 계층이나 지역 격차 해소에 AI 기술이 적극 활용되어야 한다.

이를 위해서는 AI가 사회 인프라로 작동할 수 있는 법적 · 제도적 틀이 마련되어야 한다. 예컨대 공공 챗봇, AI 튜터, 지능형 복지 시스템 등의 도입은 지방 정부, 공공 기관, 교육청 등의 역량 강화와 함께 진행되어야 하며, 기술 자체는 누구나 접근할 수 있는 형태로 개발되어야 한다.

기술 복지를 위한 구체적 조건으로는 공공 AI 에이피아이(API)의 무상 개방, 지자체별 AI 활용 예산의 배분 형평성, AI 리터러시 교육의 의무화, 공공 알고리즘의 사전 검토 · 후속 책임 제도 등이 있다. 특히 AI 기술이 인간의 삶을 보조하는 역할을 하도록 설계될 때, 그것은 복지의 한 형태로 기능할 수 있다.

공공 AI 인프라의 설계는 이러한 기술 복지를 염두에 두고 계획되어야 한다. 단지 비용 효율이 아닌, 사회 전체의 기술 접근 평등이라는 기준을 중심으로 예산이 배분되어야 한다. 이는 기술 민주주의와도 연결된다.

기술 복지는 기술을 가진 자만의 권리가 아닌, 모든 사람의 공통 자산으로서 기술을 바라보는 관점이다. AI 시대의 사회 복지는 복지와 기술이 만나는 교차점에서 새롭게 정의되어야 하며, 오픈소스는 그 핵심적 실현 수단이 될 수 있다.

06
AI 특허와 오픈소스의 충돌: 폐쇄적 권리 대 개방적 이용

AI와 오픈소스가 결합된 시대, 국제 지식재산 체계는 더 이상 보호와 배타성만을 중심에 두어선 안 된다. 기술 협력과 공유가 법적으로도 뒷받침될 수 있는 방향으로 제도 개혁이 이루어져야 하며, 이를 위한 국제적 협약과 정책 연대가 요구된다.

AI와 민주주의?

알고리즘은 특허 대상이 되는가

AI 기술의 핵심은 알고리즘이다. 알고리즘은 수학적 원리와 절차의 집합이지만, 이를 구현한 특정한 기술적 구성이나 문제 해결 방식은 산업재산권의 보호 대상이 될 수 있다. 미국과 유럽 특허 제도는 추상적 아이디어 자체는 특허로 보호되지 않지만, 특정 기술 문제를 해결하는 구체적인 방식이라면 특허 등록이 가능하다고 본다.

특히 AI 알고리즘이 산업에 적용되면서, 그 구현 방식이 특허화되는 경향이 강화되었다. 예컨대, 음성 인식, 이미지 분류, 사용자 맞춤 추천 알고리즘 등은 '기술적 효과'를 입증할 경우 특허 등록이 가능하다. 이에 따라 대형 기술 기업들은 AI 관련 핵심 기술을 다수 특허로 보호하고 있으며, 특허 포트폴리오를 경쟁 수단으로 활용한다. 이와 같은 특허 전략은 오픈소스 생태계와 충돌할 여지가 크다. 오픈소스는 알고리즘을 누구나 자유롭게 수정·재사용할 수 있어야 한다는 개방적 원칙에 기반한다. 그런데 특정 핵심 알고리즘이 특허로 보호받는 경우, 오픈소스 프로젝트가 그 알고리즘을 채택하거나 변형하여 사용할 경우 특허 침해가 성립할 수 있다.

이러한 충돌은 실제 법적 분쟁으로 이어질 가능성도 있다. 오픈소스 프로젝트가 상용화되거나, 대규모 사용자 기반을 갖추게 되는 경우, 특허 보유자는 침해를 주장하며 로열티를 청구할 수 있다. 이는 오픈소스 기여자의 법적 리스크를 가중하고, 생태계의 위축을 초래할 수 있다. 이에 따라 오픈소스 커뮤니티는 '특허 회피 설계(patent avoidance design)' 전략을 채택하거나, 특정 특허에 대해 '라이선스 공유'를 요구하는 방식으로 대응하고 있다. 예컨대 일부 오픈소스 프로젝트는 특허 안전지대를 선언한 기여자만의 코드만을 통합하는 정책을 도입하고 있다.

결론적으로, 알고리즘의 특허화는 기술 보호라는 명분 아래 개방적 기술 공유를 제약하는 도구가 될 수 있다. AI 시대의 기술 법제는 알고리즘의 발명성과 공유 가능성 사이의 균형을 재정립해야 하며, 오픈소스와 특허 간의 법적 조화 장치 마련이 필수적이다.

모델 아키텍처와 라이선스, 저작권의 교차점

AI 모델의 설계도라 할 수 있는 모델 아키텍처는 단순한 기술 도식에 그치지 않는다. 트랜스포머(Transformer), 순환 신경망(RNN, Recurrent Neural Network), 합성곱 신경망(CNN, Convolutional Neural Network), 트리 기반 모델 등은 각기 고유한 문제 해결 방식을 구현하며,

구조적 창의성이 드러나는 기술적 산물이다. 그러나 일반적으로 이러한 아키텍처 자체는 저작권법상 보호 대상이 되기 어렵다. 이는 '아이디어는 보호되지 않고, 구체적인 표현만 보호된다'는 저작권 원칙에 따른 것으로, 모델 아키텍처가 일반적 수학적 원리나 로직에 해당한다면 저작물로 보기 어렵기 때문이다.

그럼에도 아키텍처 구현 코드, 모델 구조 문서, 학습 프로세스 설명서 등은 저작권 보호의 대상이 될 수 있다. 특히 논문, 설계 설명서, 개발자 매뉴얼 등의 형태로 구현된 문서는 저작권법상 창작성이 인정되며, 복제나 무단 2차 이용 시 저작권 침해로 이어질 수 있다. 이러한 점에서 AI 모델 개발 문서는 기술 문서이자 법적 권리의 대상이 되는 이중적 성격을 지닌다. 문제는 이러한 문서가 오픈소스 라이선스와 어떤 관계를 맺는가다.

오픈소스 라이선스는 코드의 사용을 허용하면서도 특정한 제한을 부과할 수 있다. 예컨대 일반 공중 사용 허가서(GPL)는 소프트웨어의 자유로운 사용 · 수정 · 배포를 허용하되, 파생 저작물에도 동일한 일반 공중 사용 허가서(GPL)를 적용하도록 요구한다. 크리에이티브엠엘 라이선스(CreativeML License)는 스태빌리티 에이아이(Stability AI)가 스테이블 디퓨전(Stable Diffusion) 등에서 사용한 라이선스로, 모델의 활용을 허용하면서도 음란물, 폭력, 차별 선동과 같은 불법적 · 유해한 목적에 대한 사용을 금지하는 조건을 포함한다. 또한 빅사이언스 레일(BigScience RAIL, Responsible AI License)은 연구자 커뮤니티가 마련한 책임 중심 라이선스로, 대규모 감시, 차별적 사용, 허위 정보 확산, 생물학적 위해 등 인권 · 사회적 위험을 초래할 수 있는 용도를 명시적으로 제한한다. 이처럼 오픈소스라고 해서 모든 활용이 자유로운 것은 아니며, 라이선스 조건을 위반할 경우 법적으로는 저작권 침해에 해당할 수 있다. 특히 상업 기업이 오픈소스 모델의 구조만을 일부 수정하여 독점적 서비스로 전환할 경우, 원작자와 커뮤니티 기여자는 사실상 권리를 상실하게 된다. 문제는 이 위반을 법적으로 입증하기가 쉽지 않으며, 국제적 라이선스 해석도 일관되지 않다는 데 있다.

이에 따라 오픈소스 생태계는 사용 목적과 책임을 명시하는 방향으로 라이선스를 정비해 가고 있다. 크리에이티브엠엘은 스테이블 디퓨전을 배포하면서 상업적 이용은 허용하되, 자동 감시 시스템 · 차별 조장 등에 사용하는 것을 명시적으로 금지하였다. 빅사이언스 레일은 블룸(BLOOM) 모델의 공개를 통해 AI의 개방성과 책임성을 결합하는 새로운 모델을 제시했고, 허용 불가 용도를 계약적으로 구체화했다. 모델 카드(Model Cards)는 이러한 기술 · 법적 맥락에서, 각 모델의 성능, 편향, 제한 사항 등을 사용자에게 문서화하여 제공함으로써 투명성과 설명 가능성을 제도화하려는 시도다.

결국 AI 모델 아키텍처는 아이디어와 표현, 기술과 창작, 자유와 책임이 교차하는 지점에 놓여 있다. 따라서 단순한 기술적 사양서가 아닌, 법적 권리 객체로서의 아키텍처를 명확히 해석할 수 있는 법 제도 해석 기준이 마련되어야 하며, 저작권 · 라이선스 · 기여자 계약(CLA, Contributor License Agreement)을 연계하는 표준계약 체계와 국제적 공통 규범 마련이 필요하다. 공공 대규모 언어 모델 개발이나 민간 오픈소스 AI 협업이 늘어나는 시점에서, 이는 기술 생태계의 신뢰성과 권리 질서의 핵심 기반이 될 것이다.

특허 회피 설계와 오픈소스 커뮤니티의 위험

AI 기술을 개발하는 오픈소스 커뮤니티는 특허 침해 소송에 대한 두려움 속에서 다양한 회피 전략을 취하고 있다. 그중 대표적인 것이 '특허 회피 설계'다. 이는 이미 등록된 특허를 분석하고, 그 기술 범위를 우회하여 유사하지만 법적으로 분리된 설계를 개발하는 방식이다. 하지만 이러한 회피 설계는 개발의 효율성을 떨어뜨리고, 기술 혁신의 자유를 억제할 수 있다. 개발자는 창의적인 알고리즘 개선보다는 법적 충돌을 피하는 데 더 많은 노력을 기울여야 하며, 이는 오픈소스 개발의 자율성과 순수성에 제약을 가한다. 특히 비영리 개발자나 스타트업에게 특허 검색과 해석은 상당한 부담이다.

법적 회피 가능성은 불확실성에 기반한다. 동일한 기술이라도 특허권자의 소송 여부, 법원의 해석, 국가 간의 기준 차이에 따라 결과가 달라질 수 있기 때문이다. 오픈소스 개발자 입장에서는 잠재적 위험을 항상 안고 가야 하며, 이는 위축 효과(chilling effect)를 초래한다.

또한 회피 설계는 비효율성과 중복 개발의 문제도 유발한다. 같은 기능을 수행하는 새로운 설계를 반복적으로 개발해야 하고, 이는 개발 자원의 낭비로 이어질 수 있다. 오픈소스가 지향하던 집단적 혁신의 효율성이 오히려 저해되는 결과다.

이러한 상황을 완화하기 위해, 몇몇 기업과 재단은 특허 비공격 선언(patent non-aggression pledge)을 도입하고 있다. 예컨대 아이비엠(IBM), 구글, 마이크로소프트는 자사 특허를 오픈소스 프로젝트에 대해 공격적으로 행사하지 않겠다고 선언했다. 이와 함께 오픈소스 이니셔티브나 롯 네트워크(LOT Network, License on Transfer Network) 같은 집단 협약 체계도 마련되고 있다. 롯 네트워크는 소프트웨어 및 기술 기업들이 특허 트롤(Patent Troll)로부터의 소송 위험을 줄이기 위해 자발적으로 구성한 특허 방어 연합이다. 구글, 마이크로소프트, 메타, 아마존, 아이비엠(IBM) 등 글로벌 빅테크뿐 아니라, 깃허브, 칸바(Canva), 드롭박스(Dropbox), 유니티(Unity) 등도 회원으로 참여하고 있다. 특히 AI 오픈소스 생태계에서 지식재산권 보호와 혁신 보장을 위한 제도적 장치다.

결국 오픈소스의 자유는 법적 위험으로부터의 자유 없이는 존재하기 어렵다. 특허 회피 설계라는 소극적 전략에 머물 것이 아니라, 법 제도 차원에서 오픈소스 프로젝트를 보호하고, 특허 제도와의 구조적 상충을 조정하려는 적극적 개입이 필요하다.

AI 특허 트롤 문제와 대응 전략

AI 기술이 상업화되면서 새로운 형태의 특허 남용도 함께 출현하고 있다. 이른바 '특허 트롤'(patent troll)이라 불리는 특허 괴물 기업들은 기술을 직접 개발하지 않으면서, 보유 특허를 무기로 삼아 스타트업이나 오픈소스 커뮤니티를 상대로 소송을 제기하거나 합의금을 요구한다.

AI 분야는 특히 특허 트롤의 표적이 되기 쉬운 구조를 갖고 있다. 많은 AI 기술이 모듈형 구조로 결합되어 있고, 학습 방식, 데이터 처리, 결과 출력 단계마다 특허 등록 가능성이 있기 때문에, 한 모델이 수십 개의 특허를 침해할 수 있는 여지가 생긴다. 또한 대부분의 오픈소스 프로젝트는 특허 검색이나 방어 능력이 미약하다.

특허 트롤은 이 점을 노려 오픈소스 커뮤니티나 소규모 개발팀을 상대로 전략적 협박(legal threat)을 한다. 그들은 종종 미국 내 허약한 소송 방어 구조와 고액의 소송 비용을 무기로 삼아 합의를 유도한다. 이는 실제 침해 여부와 관계없이 소송 그 자체만으로 압박을 가하는 방식이다.

이러한 위협에 대응하기 위해서는 커뮤니티 차원의 공동 방어 기제가 필요하다. 롯 네트워크, 오픈 인벤션 네트워크(OIN, Open Invention Network) 등은 회원 간의 특허 공유 및 방어 협약을 통해 특허 트롤로부터 상호 방어할 수 있는 기반을 제공한다. 또한 일부 단체는 기초 특허 무효화 캠페인이나, AI 핵심 특허의 라이선스 풀 형성을 통해 방어벽을 구축하고 있다.

정부 또한 역할을 해야 한다. 우리나라, 유럽연합, 미국 모두에서 특허 남용 방지 제도를 명확히 하고, 오픈소스 프로젝트에 대한 특허 면책 또는 소송 대응 지원 제도를 검토할 필요가 있다. 특히 AI 기술의 핵심 요소에 대한 '특허 공유(Patent Commons)' 모델도 논의될 수 있다. 특허 공유란 특허권자가 자발적으로 일정 기술에 대한 특허권의 행사(배타적 권리)를 포기하거나 제한하여, 누구든지 자유롭게 사용할 수 있도록 허용하는 것을 말한다.

특허는 기술을 보호하기 위한 제도이지만, 그 보호가 기술 공유를 억압하는 방향으로 작동해서는 안 된다. 특허 트롤의 위협으로부터 자유로운 개발 환경을 만들기 위해서는 법적 · 제도적 방패가 오픈소스 진영에 제공되어야 한다.

국제 지식재산 체계와 오픈소스 기술 분쟁

AI 기술은 글로벌하게 개발 · 배포되며, 오픈소스는 국경을 초월한 협업의 대표적 모델이다. 그러나 지식재산권(IP)은 국가별 제도에 따라 보호되며, 각국의 특허 · 저작권 기준은 크게 상이하다. 이로 인해 국제 오픈소스 프로젝트는 예상치 못한 법적 분쟁에 직면할 수 있다.

예를 들어, 미국에서는 소프트웨어 특허가 비교적 자유롭게 인정되는 반면, 유럽은 기술적 효과 요건이 더 엄격하다. 일본은 디지털청을 중심으로 행정 시스템에서 오픈소스 도입을 적극 권장하고 있으며, 자동차 · 로봇 · 임베디드 시스템 등 산업 현장에서도 공개 소프트웨어(OSS, Open Source Software) 활용이 광범위하게 이루어지고 있다. 중국은 최근 AI 핵심 기술을 자국 특허로 빠르게 등록하고 있으며, 이에 대한 국제 분쟁이 늘어나고 있다. 동일한 코드라도 각국에서 전혀 다른 법적 지위가 부여될 수 있다.

이러한 환경은 오픈소스 프로젝트에 불확실성을 초래한다. 한 국가에서 합법적으로 개발된 AI 모델이, 다른 국가에서는 특허 침해로 간주될 수 있으며, 그 사용이나 재배포가 제한될 수 있다. 특히 상용 서비스로 전환될 경우, 글로벌 사용자 기반이 위험에 처할 수 있다.

국제 지식재산 분쟁은 단지 기술의 문제가 아니라 통상과 외교, 규범과 주권의 문제로 확산된다. 예컨대 중국 기업이 미국 오픈소스 코드를 기반으로 제품을 만들고, 이를 역으로 미국 특허로 등록해 라이선스를 요구하는 사례도 발생하고 있다. 기술의 공유가 자산이 아닌 무기로 전환되는 양상이다.

이러한 사태를 방지하기 위해서는 국제기구, 즉 국제표준화기구(ISO, International Organization for Standardization), 세계지식재산기구(WIPO, World Intellectual Property Organization) 등을 중심으로 '오픈소스 기반 AI 기술의 국제법적 안전장치'를 마련해야 한다. 특히 다국적 프로젝트에 대해서는 표준 라이선스 해석, 분쟁 조정 메커니즘, 특허 등록 이의 신청 제도를 국제적으로 일관되게 운영해야 한다.

AI와 오픈소스가 결합된 시대, 국제 지식재산 체계는 더 이상 보호와 배타성만을 중심에 두어선 안 된다. 기술 협력과 공유가 법적으로도 뒷받침될 수 있는 방향으로 제도 개혁이 이루어져야 하며, 이를 위한 국제적 협약과 정책 연대가 요구된다.

07
거버넌스 없는 개방: AI 오픈소스와 안전 문제

안전한 오픈소스 생태계는 기술, 법, 윤리의 삼각 축이 균형을 이루는 곳에서 가능하다. 오픈소스의 자유와 창의성을 지키기 위해서라도, 우리는 오픈소스를 안전하게 만들기 위한 공통의 원칙과 제도적 기반을 함께 설계해야 한다. 이것이 곧 '자유를 지키는 규범'이며, 글로벌 기술 공동체가 미래를 향해 나아가기 위한 최소한의 사회적 합의다.

AI와 애니메이션?

누구도 책임지지 않는 코드

오픈소스의 본질은 개방성과 자율성이다. 그러나 그 이면에는 법적 · 윤리적 책임의 공백이라는 구조적 문제도 존재한다. 특히 AI와 같이 사회적 영향력이 큰 기술의 경우, 그 결과물에 대해 아무도 책임지지 않는 시스템은 치명적인 위험을 초래할 수 있다. 이는 오픈소스 AI 모델에서 더욱 두드러진다.

많은 오픈소스 AI 모델은 누구나 접근하고 수정할 수 있도록 설계되지만, 그로 인해 발생하는 결과, 예컨대 허위 정보 생성, 혐오 콘텐츠 출력, 인종 차별적 판단 등에 대해서는 개발자도 플랫폼도 책임을 회피하는 경우가 많다. 라이선스상 '무보증(no warranty)' 조항은 이를 뒷받침하는 법적 방패로 기능한다.

그 결과, 오픈소스 모델이 사회적 파장을 일으켰을 때, 사용자에게만 책임이 전가되는 구조가 형성된다. 이는 플랫폼 자본주의와 유사한 책임 전가 메커니즘이다. 플랫폼은 기능만 제공하고, 그 위에서 벌어지는 모든 위험은 '이용자 책임'으로 처리된다.

AI의 위험은 단지 기능적 오류가 아니라, 사회적 제도와 권리를 침해하는 방식으로 나타난다. 추천 알고리즘에 따른 사회 분열, 자동화 모델에 의한 해고 결정, 얼굴

인식 시스템에 따른 부당한 구금 등은 기술 설계자 · 배포자 · 운영자의 공동 책임 없이는 해결될 수 없다. 그러나 오픈소스에서는 이 연쇄 고리가 빠져 있다.

법적으로는 책임의 주체를 명확히 할 수 있는 장치가 거의 없다. 일반 공중 사용 허가서(GPL)나 아파치 라이선스는 면책 조항이 강력하며, 기여자 간 책임 배분도 규정하지 않는다. 오픈소스 라이선스가 책임 귀속을 분산하기보다는 소거하는 방식으로 기능하고 있다는 점은 제도적으로 심각한 취약점이다.

이제는 오픈소스 모델이라 하더라도 사회적 영향력이 있는 경우, 일정 수준의 책임성 요건을 설정할 필요가 있다. '책임 있는 공개 모델(Responsible Open Models)'의 기준을 마련하고, 최소한의 설명 책임, 유해 사용 방지 기능, 배포 이력 기록 등의 요소를 의무화할 필요가 있다.

악의적 활용의 경로 – 조작된 모델과 데이터

오픈소스 AI 모델은 누구나 접근할 수 있는 장점이 있지만, 동시에 누구든지 의도적으로 조작하거나 악용할 수 있다는 잠재적 위험을 내포한다. 모델을 변형하여 허위 정보를 퍼뜨리는 용도로 사용하거나, 범죄 도구로 전환하는 사례는 이미 현실화되고 있다.

예컨대 스테이블 디퓨전 기반 이미지 생성 모델을 개조하여 아동 음란물을 생성하거나, 특정인의 얼굴을 조합한 '딥페이크' 콘텐츠를 제작하는 방식은 단지 기술적 능력만 있으면 누구든지 가능하다. 이러한 모델은 다크웹을 통해 공유되고, 추적이 어렵다는 점에서 더욱 심각하다.

악용은 데이터 수준에서도 발생한다. 학습 데이터세트에 의도적으로 유해 콘텐츠를 삽입하여 모델의 출력값을 왜곡하거나, 특정 사회 집단에 대한 차별적 표현을 주입하는 '데이터 포이즈닝(data poisoning)' 기법도 알려져 있다. 이는 오픈소스 생태계 내 투명성의 부재와 검증 체계의 부실을 악용하는 방식이다.

이와 같은 악의적 활용은 단지 법적 문제를 넘어, 사회 전반의 신뢰 기반을 흔들 수 있다. 특히 선거, 범죄 수사, 금융 모델 등에 오픈소스 모델이 사용될 경우, 그 조작 가능성은 민주주의의 근간에 직접 영향을 미친다. 기술이 공공 시스템에 침투한 만큼, 그 오용은 공공재의 파괴로 연결된다.

현재로서는 이러한 위험에 대한 효과적인 규제나 감시 체계가 부재하다. 오픈소스 플랫폼은 단순 호스팅을 이유로 통제 기능을 외면하고 있고, 국가 역시 사후 제재 수준의 대응에 그치고 있다. 이로 인해 사회는 기술적 자유와 법적 통제 사이에서 공백을 경험하고 있다.

따라서 오픈소스 모델에 대한 최소한의 검증이나 인증 체계를 구축해야 한다. 예컨대 유해 모델 유통 차단 시스템, 악용 가능성 평가 기준, 공공 AI 모델에 대한 사전검증위원회 도입 등이 고려될 수 있다. 기술의 개방은 통제의 포기와 동일하지 않다는 점을 분명히 해야 한다.

보안 취약성 공개와 통제의 균형

AI 오픈소스 생태계는 '투명성'과 '자율성'을 핵심 가치로 삼고 있으나, 보안 측면에서는 이 가치가 심각한 딜레마로 작용한다. 공개된 모델이나 코드에 보안 취약성이 포함될 경우, 그 정보가 즉시 악용될 가능성도 높아진다. 이때 보안 취약성 공개는 기술 진보의 기반이 되기도 하지만, 동시에 악의적 이용의 출발점이 되기도 한다.

예컨대 거대 언어 모델 기반 모델에 특정 프롬프트를 입력했을 때 내부 시스템 명령어를 노출하거나, 에이피아이(API) 보안키를 출력하는 사례들이 보고되고 있다. 이러한 취약점은 발견 즉시 공유될 경우, 커뮤니티 차원의 패치가 가능하지만, 반대로 공격자에게도 유용한 정보가 된다. 이중 효과(double-edged sword)의 대표 사례다.

문제는 현재 오픈소스 커뮤니티 내부에 취약성 관리 체계가 부재하다는 것이다. 보안 이슈를 발견한 개발자가 어디에, 어떻게, 누구에게 보고해야 하는지 명확한 프로토콜이 없다. 또한 대부분의 프로젝트는 자발적 기여자에 의해 운영되며, 보안 전문 인력이 상주해 있지 않기 때문에, 대응도 지연되기 일쑤다.

법적으로도 이 문제는 회색 지대에 있다. 취약성을 알리고자 한 행위가 정보통신망법 위반으로 간주될 수도 있고, 오히려 침묵하거나 공유하지 않아 악용될 경우에는 사회적 책임이 문제 될 수 있다. 즉 안전 확보를 위한 투명성과 악용 방지를 위한 제한 사이의 균형이 부재한 상태다.

이에 따라, 일정 수준 이상의 파급력을 가진 AI 오픈소스 프로젝트에 대해서는 '책임 있는 공개 책임(responsible disclosure duty)'을 법제화할 필요가 있다. 보안 리스크의 발견자는 중립 기관이나 프로젝트 관리 단체에 우선 보고하고, 일정 기한 후 공개하는 구조를 마련함으로써 위험을 최소화할 수 있다.

기술의 투명성과 사회의 안전은 대립되는 개념이 아

니다. 적절한 거버넌스와 중재 체계만 갖추어진다면, 취약성 공개는 기술 개선과 공동 보호를 위한 중요한 수단이 될 수 있다. 오픈소스 생태계는 이제 '개발 윤리'에 보안 윤리를 덧붙여야 할 시점이다.

오픈소스 AI의 '재현 불가능성' 문제와 제도적 대응

오픈소스 AI 모델은 겉으로는 누구나 접근하고 사용할 수 있는 '개방형 기술'처럼 보이지만, 실제로는 동일한 결과를 재현하기 어려운 경우가 많다. 이른바 '재현 불가능성 문제(reproducibility crisis)'는 오픈소스의 핵심 가치인 투명성, 신뢰성, 공동 검증 가능성을 근본적으로 훼손하는 구조적 결함이다. 특히 AI가 공공 정책, 의료, 법률 등 사회적 영향력이 큰 분야에 적용될 경우, 이 문제는 단순한 기술적 한계를 넘어 법적·윤리적 책임 소재의 불명확성이라는 위험을 수반하게 된다.

재현 불가능성의 주요 원인은 다음과 같다. 첫째, 학습에 사용된 데이터세트가 비공개이거나, 상업적·법적 제한을 이유로 공개되지 않는 경우가 많다. 이르 인해 모델의 편향, 학습 오류, 법적 정당성을 검증할 수 있는 구조 자체가 결여된다. 둘째, 모델 훈련 당시의 하이퍼파라미터, 프레임워크 버전, 연산 환경 등이 제대로 문서화되지 않거나 일관되지 않아, 동일한 코드라도 결과가 달라지는 일이 발생한다. 셋째, 일부 고성능 모델은 지피유(GPU) 환경, 클러스터 조건 등 특정 하드웨어에 최적화되어 있기 때문에, 동일한 코드로도 동등하지 않은 연산 결과가 나타날 수 있다. 이처럼 오픈소스의 외피를 쓰고 있지만 실제로는 '전문가 전용의 블랙박스 기술'로 기능하는 경우가 적지 않다.

이러한 한계를 극복하기 위해, 최근에는 '모델 카드(Model Cards)'와 '데이터 시트(Data Sheets for Datasets)' 같은 문서화 체계를 도입하려는 움직임이 활발히 진행되고 있다. 이는 AI 모델의 설계 목적, 학습 데이터 구성, 성능 지표, 권장 사용 사례 등을 정형화된 문서로 기술하여 제3자가 검토하고 반복 실험을 가능케 하려는 시도이다. 특히 전기전자공학자협회(IEEE, Institute of Electrical and Electronics Engineers, 미국 컴퓨터학회(ACM, Association for Computing Machinery) 등 국제 표준화 기구는 이를 공식적인 문서화 기준으로 삼기 위한 제도화 작업을 진행 중이다.

나아가 공공 영역에서 활용되는 AI, 또는 사회적 위험성을 내포한 고위험 AI 시스템에 대해서는, 단순한 코드 개방을 넘어서 재현 가능성 요건의 법제화가 요구된다. 공공이 자금을 지원하거나 정책 집행을 위해 사용하는 AI 시스템은 정책 책임성과 시민 신뢰 확보 차원에서, 학습 로그, 데이터 목록, 하이퍼파라미터 값 등을 체계적으로 공개해야 한다. 이는 오픈소스의 개방성과 공공성 사이의 정합성을 확보하는 핵심 기준이 될 수 있다.

결국 오픈소스의 '개방성'이란 단순히 코드만 열어 두는 것이 아니라, 그 코드가 실제로 어떻게 작동했는지, 어떤 데이터를 통해 어떤 조건에서 학습되었는지를 누구나 따라 해 볼 수 있는 구조로 설계하는 것이다. 진정한 기술 신뢰는 검증 가능한 반복성 위에서만 성립되며, 그것이야말로 공공 알고리즘, 민주적 기술 거버넌스, 책임 있는 AI 설계의 시작점이 된다.

안전한 오픈소스 생태계를 위한 글로벌 기준

AI 오픈소스는 인터넷 기반의 글로벌 개발 및 유통 구조를 바탕으로, 국가의 경계를 넘어 확산되고 있다. 그러나 이러한 기술 확산의 개방성은 동시에 안전성과 책임의 공백을 초래한다. 지금까지의 오픈소스 규범은 주로 라이선스 체계나 저작권 보호 중심으로 설계되었으며, 악의적 사용 방지, 사회적 위험 통제, 기술적 안정성 확보에 대한 기준은 부재하거나 민간 자율에 의존해 왔다. 따라서 오늘날 AI 오픈소스를 둘러싼 현실은 '개방되어 있으나 안전하지 않은 코드'가 전 세계적으로 순환되는 구조다.

글로벌 차원의 안전한 오픈소스 생태계를 구축하기 위해서는 최소한 다음 네 가지 구성 요소를 포함한 국제 기준이 필요하다. 첫째, 유해 콘텐츠 생성 방지 기능의 내장(예: 필터링 알고리즘, 안전성 평가 프로토콜). 둘째, 보안 취약성에 대한 대응 체계(예: 신속 패치 체계, 공개 취약성 보고 프로토콜). 셋째, 책임 추적 가능성 보장(예: 모델 버전 및 배포 로그, 사용자 인증 구조). 넷째, 거버넌스 참여 구조 마련(예: 윤리검토위원회, 사용자 피드백 반영 메커니즘). 이는 오픈소스의 개방성을 훼손하지 않으면서도 최소한의 사회적 안전장치를 마련하기 위한 기반이 될 수 있다.

유럽연합 AI법, 미국의 국립표준기술연구소(NIST, National Institute of Standards and Technology) AI 위험 관리 프레임워크 (AI RMF, AI Risk Management Framework) 등은 부분적으로 안전성 기준을 마련하고 있지만, 이는 대부분 상업적 AI 모델에 초점을 맞추고 있으며, 오픈소스 AI에 특화된 국제적 합의나 규범은 아직 존재하지 않는다. 특히 국경을 초월한 비영리 개발자 커뮤니티는 각국 법제의 사각지대에 놓이기 쉬우며, 그 결과 사회적 책임 규범도 공백 상태로 방치되는 경우가 많다. 따라서 민간 차원의 자율 규범과 공공 부문 주도의 국제 표준화 협의체가 병행적으로 구축되어야 한다.

현재 일부 글로벌 기술 기업들은 자사 기준에 따라 콘텐츠 필터링, 인증 체계, 에이피아이(API) 제한 등을 도입하고 있으나, 이는 특정 기업의 이해관계를 반영한 사적 규범에 불과하다. 안전한 오픈소스를 위한 공공성과 중립성을 확보하기 위해서는 경제협력개발기구(OECD), 세계지식재산기구(WIPO), 국제표준화기구(ISO)와 같은 국제기구를 중심으로 한 다자간 협력 체계가 필요하다. 특히 공공 영역에서 오픈소스 AI를 도입·활용하는 국가들 간의 협의체 구성이 제도화의 출발점이 될 수 있다.

이러한 기준은 단순한 '기술 통제'가 아니라, 오히려 '기술 질서화(technological ordering)'를 위한 장치로 작동해야 한다. 오픈소스 생태계는 폐쇄적 규제에 저항하며 발전해 온 역사적 맥락이 있기 때문에, 새로운 안전성 기준도 기술 공동체의 자율성과 참여를 기반으로 설계되어야 한다. 법과 제도는 기술의 흐름을 일방적으로 규제하는 수단이 아니라, 자율성과 안전성의 균형을 조율

하는 사회적 계약의 도구여야 한다.

결국 안전한 오픈소스 생태계는 기술, 법, 윤리의 삼각 축이 균형을 이루는 곳에서 가능하다. 오픈소스의 자유와 창의성을 지키기 위해서라도, 우리는 오픈소스를 안전하게 만들기 위한 공통의 원칙과 제도적 기반을 함께 설계해야 한다. 이것이 곧 '자유를 지키는 규범'이며, 글로벌 기술 공동체가 미래를 향해 나아가기 위한 최소한의 사회적 합의다.

08
글로벌 기술 패권과 오픈소스 전략: 미국, 유럽연합, 중국의 AI 질서

미국은 오픈소스를 전략적 개방으로 활용해 클라우드 독점과 기술 패권을 강화하고, 유럽연합은 규제와 '디지털 주권'으로 공공성과 책임을 제도화하며, 중국은 통제된 개방으로 국유화된 오픈소스를 운영한다. 이 과정에서 오픈소스는 협력의 장이자 분쟁의 전장이 되어 국제 표준, 규범, 기술 패권 경쟁의 핵심 축으로 작동한다.

AI와 인재 채용?

미국의 개방 전략과 클라우드 기반 독점

미국은 오늘날 오픈소스를 가장 적극적으로 활용하는 동시에, 그 개방성을 전략적으로 전용하여 자국의 기술 패권을 공고히 하는 국가로 꼽힌다. 오픈에이아이, 메타, 구글 등 미국 내 대표적 빅테크 기업들은 AI 모델의 일부 소스코드나 파라미터를 제한적으로 공개하며, 이를 통해 '개방'이라는 외형을 유지한다. 그러나 이들은 실제 권한과 통제력을 자사 플랫폼, 서비스 계약, 상용 에이피아이(API) 사용 조건 등에 집중하는 방식으로 형식적 개방과 실질적 통제를 병행하고 있다.

이러한 전략의 핵심은 클라우드 기반 인프라의 독점에 있다. 아마존 웹 서비스, 마이크로소프트 애저, 구글 클라우드는 AI 모델의 학습 · 추론 · 배포에 필수적인 지피유(GPU) 자원과 고속 연산 클러스터, 대규모 저장소를 제공하면서도, 에이피아이(API) 과금 구조와 독점적 환경 설정을 통해 기술 생태계를 장악하고 있다. 오픈소스 AI 모델조차 이 거대 클라우드 위에서만 실행 가능한 구조가 되면서, 결과적으로 기술적 주권은 여전히 미국 플랫폼에 종속되는 경향이 강화되고 있다.

미국의 이러한 개방 전략은 단순한 기술 확산을 넘어서, 전 세계 개발자 커뮤니티를 미국 생태계 안으로 포섭하려는 구조를 가진다. 이는 전략적 개방(model of strategic openness)이라고 할 수 있으며, 코드와 인재, 데이터를 유입시키면서도 통제권은 민간 플랫폼에 집중하는 방식이다. 한편으로는 자유와 공유의 이상을 주장하지만, 실질적으로는 기술 민족주의(technonationalism)의 형태로 작동하고 있다.

법적 · 제도적 차원에서도 미국은 오픈소스에 대해 규제보다는 지원 중심의 정책을 펼치고 있다. 국가과학재단(NSF, National Science Foundation), 국방고등연구계획국(DARPA, Defense Advanced Research Projects Agency) 등은 대규모 오픈소스 기반 AI 연구에 투자를 아끼지 않으며, 이로부터 나온 기술들은 민간 기업의 상용 모델에 통합된다. 이처럼 공공과 민간의 경계가 모호하게 뒤섞인 구조는 공적 자원의 민간화라는 또 다른 패권 전략의 일면이기도 하다. 그러나 미국 내부에서는 기술 인권 단체, 시민 사회, 일부 주 정부 등을 중심으로 오픈소스 AI의 안전성과 책임성에 대한 규제가 필요하다는 목소리가 제기되고 있다. 특히 연방정부 차원의 AI 법제 논의에서는 '공공 AI 인프라'의 필요성과 기술 독립의 윤리적 기반이 강조되며, 이는 민간 위임이 초래한 통제력 상실에 대한 반작용으로 해석된다.

결국, 미국의 오픈소스 전략은 '기술 공유'라는 담론 아래에서 클라우드 인프라와 플랫폼 서비스를 통한 실질적 독점 구조를 구축해 나가는 형태를 띤다. 우리나라를 포함한 기술 종속 국가들은 이러한 전략을 무비판적으로 수용하기보다, 그 이면에 감춰진 통제 구조와 접근 제한의 기제를 정확히 파악하고, 자국의 기술 자립 전략, 공공 클라우드 인프라 구축, 오픈소스 윤리 기준 정립 등을 병행해야 한다. 개방은 자유를 의미하지 않으며, 때로는 권력을 재배치하는 도구로 기능할 수 있다.

유럽연합의 규제 중심 전략과 '디지털 주권'

유럽연합은 미국의 플랫폼 중심 개방 전략과는 다른 궤도에서 오픈소스를 전략화하고 있다. '디지털 주권(digital sovereignty)'이라는 개념 아래, 유럽은 AI 기술의 투명성, 안전성, 책임성을 제도화함으로써 기술 자율성과 공공성을 확보하려는 방향을 택하고 있다. 이러한 흐름은 단순한 기술 개방이 아니라, 규범 기반의 기술 주권 모델이자, '제도적 오픈소스' 전략으로 해석된다.

유럽연합 AI법(EU AI Act)은 고위험 AI 시스템에 대해 엄격한 사전 검토를 요구하며, 데이터 품질, 인권 영향, 설명 가능성, 안전성 기준 등을 법적 의무로 설정하고 있다. 특히 AI 모델이 오픈소스로 제공되더라도, 그것이 교육, 노동, 의료, 치안 등 고위험 분야에 사용될 경우, 별도의 검증과 책임 구조를 부과한다는 점에서 기술에 대한 규범적 접근이 분명히 드러난다. 이는 단순한 개방주의가 아닌, 통제된 개방, 공공적 개방의 원칙이다.

유럽연합은 오픈소스를 산업 정책의 수단으로도 적극 활용하고 있다. 유럽형 데이터 공유 인프라인 가이아엑스(GAIA-X), 고성능 연산을 위한 유럽 슈퍼컴퓨팅 공동체, 즉 유로에이치피시(EuroHPC), 공공 조달 기반 오픈소스 확산 계획인 '오픈소스 소프트웨어 전략(Open Source Software Strategy) 2020~2023' 등은 유럽연합이 기술 자립성과 데이터 주권을 강화하기 위해 추진해 온 대표적인 정책적 노력이다. 이들 프로젝트는 단지 기술을 확보하는 데서 그치지 않고, 공공 부문과 사회 전반에서 오픈소스 활용을 제도화하려는 구조로 설계되어 있다.

유럽연합의 규제 전략은 기술 개발 자체보다 기술 사용의 규칙과 사회적 통제 구조를 중시하는 유럽식 거버넌스 철학에 기초한다. 이는 오픈소스를 통해 민간의 기술을 감시하고 민주적으로 통제하며, 동시에 그 기술을 공공적 자산으로 활용하고자 하는 시도로 이어진다. 즉 오픈소스는 유럽에서 시장 대안이자, 사회 계약의 매개 수단으로 기능하고 있는 것이다.

다만, 이러한 규제 중심 접근이 혁신을 위축시킬 수 있다는 우려도 제기되고 있다. 일부 미국 기반 AI 기업들은 유럽연합 AI법의 적용을 우려해 유럽 내에서의 서비스 제공을 축소하거나, 모델의 소스코드와 학습 데이터를 공개하지 않는 전략을 취하고 있다. 이로 인해 글로벌 AI 생태계에서는 규범 충돌(normative friction)과 법적 포섭의 갈등이 발생하고 있다.

결과적으로 유럽연합의 오픈소스 전략은 '오픈소스의 민주화(democratization of open source)'로 요약될 수 있다. 이는 개방을 통해 기술 사용의 통제 가능성을 확보하고, 통제를 통해 공공성과 책임성을 강화하는 방식이다. 기술을 단순한 경제적 자산이 아닌 사회적 기반 인프라로 재정의하며, 제도와 기술이 결합된 유럽 특유의 전략적 거버넌스 모델을 형성하고 있다.

중국의 통제된 개방—국유화된 오픈소스

중국은 AI 오픈소스 전략에서 독특한 이중적 구조를 취하고 있다. 한편으로는 깃허브, 허깅 페이스 등 주요 글로벌 오픈소스 플랫폼에 대한 접근을 제한하거나 차단하면서 내부 중심의 폐쇄형 생태계를 구축하고 있으며, 다른 한편으로는 자체적으로 개발한 대형 언어 모델들을 오픈소스 형식으로 공개함으로써 글로벌 영향력 확대를 모색하고 있다. 이러한 접근은 '통제된 개방' 혹은 '국유화된 오픈소스' 전략으로 정의할 수 있다.

대표적인 예로, 챗지엘엠(ChatGLM), 우다오(WuDao), 바이추안(Baichuan) 등 중국의 거대 언어 모델들은 오픈소스를 표방하지만, 배포 방식이나 활용 조건에 있어 매우 제한적이고 관리된 방식을 취하고 있다. 대부분의 모델은 중국 정부의 승인하에 개발되거나 국영 연구 기관과의 협력 체계 안에서 운영되며, 오픈소스라는 외형에도 불구하고 국가 전략적 기술 자산으로 기능한다. 코드와 가중치가 공개된다고 해도, 그 사용과 확장은 국가 차원의 통제와 검열 구조 속에 존재한다.

중국의 디지털 주권 개념은 유럽연합의 '민주적 기술 통제'와는 궤를 달리한다. 중국에서는 기술의 자율성과 투명성보다 안정성, 정치적 통제, 기술 내재화가 우선된다. 오픈소스조차 당의 기술 주권 기획에 복무하는 국가적 수단으로 위치 지워지며, 이는 오픈소스를 시민적 자율의 표현으로 이해하는 서구적 개념과 본질적으로 충돌한다.

이러한 전략은 국제 기술 협력에 구조적인 장벽을 만들기도 한다. 외국의 오픈소스 기술에 대한 접근은 점점 더 어려워지고 있으며, 중국 내 개발 기술은 외부 연구자에게 제한적으로만 개방된다. 이를 보여 주는 대표적 사례가 바로 기티(Gitee)다. 중국판 깃허브라 불리는 기티는 단순한 코드 저장소가 아니라, 국가 디지털 전략, 오픈소스 통제, 공공 AI 인프라의 일부로 기능하며, 모델 배포와 검열 시스템이 결합된 구조를 갖고 있다. 거대 언어 모델이 깃허브가 아닌 기티를 통해 공개된다는 사실은 단순한 플랫폼 선택이 아니라, 디지털 주권 철학이 반영된 정책적 결정이다.

그럼에도 중국은 오픈소스를 '기술 외교'의 도구로 적극 활용하고 있다. 아시아, 중동, 아프리카 등 개발도상국에 자국산 모델을 배포하고, 클라우드 기반 운영 구조로 의존성을 형성함으로써 디지털 종속 구조를 설계하고 있다. 이는 중국이 오픈소스를 글로벌 영향력 확대의 지렛대로 삼고 있음을 보여 준다. 특히 무료 기술 제공과 클라우드 서비스 결합 전략은 중·저소득 국가의 기술 기반을 중국 중심으로 편입시키는 결과를 초래한다.

결국 중국의 오픈소스 전략은 '통제 속 공유'라는 독특한 구조를 통해, 서구 중심의 기술 질서에 대한 대안적

패러다임을 제시하고 있다. 이러한 모델은 오픈소스를 단지 기술이나 커뮤니티의 산물이 아닌, 국가 권력과 통치 구조의 일부로 통합하고 있으며, 향후 글로벌 오픈소스 규범에 대한 주요 도전으로 작용할 가능성이 크다. 따라서 우리나라를 비롯한 기술 중견국들은 이중적 전략에 대응하기 위해 기술적 자립성을 확보하는 동시에, 정치적 거리 조절이라는 외교적 균형 감각이 필요한 시점이다.

오픈소스 생태계를 둘러싼 국제 경쟁

AI 오픈소스 생태계는 단순한 기술 협업의 장이 아니라, 이제는 국가 간 경쟁의 주요 전장으로 변모하고 있다. 미국, 유럽연합, 중국이 각자의 전략을 바탕으로 모델을 개방하거나 표준을 제시하며, 오픈소스를 통해 영향력을 행사하려는 움직임이 격화되고 있다. 이는 기술의 '탈규제'가 아닌, '신규 규제'와 '표준 주도권'을 둘러싼 경쟁이다.

각국은 자신이 주도하는 모델을 사실상의 표준으로 만들기 위해, 기술 문서, 에이피아이(API) 구조, 데이터 세트 구성까지도 세밀하게 통제하고 있다. 예컨대 메타의 라마, 미스트랄의 타이니(Tiny) 모델, 중국의 챗지엘엠(ChatGLM)은 단지 모델이 아니라 기술 권력을 상징하는 상징물로 기능한다. 이들 모델이 얼마나 널리 사용되는가가, 그 국가의 디지털 영향력을 측정하는 지표가 되어가고 있다.

이와 함께 각국은 오픈소스의 법적 틀을 자국 내 산업 보호와 결합하려 한다. 유럽연합은 AI법을 통해 유럽 내에서 개발 · 배포되는 모든 AI 모델에 책임을 부과하며, 미국은 '혁신 자율성'을 이유로 규제 대신 기술 진입을 장려하고 있다. 중국은 전면적인 사전 검열을 통해 기술적 독립을 강화한다. 이는 서로 충돌하는 디지털 통치 모델을 형성한다.

기술 생태계를 구성하는 이 경쟁은 결국 '누가 무엇을 기준으로 삼는가'에 귀결된다. 코드가 개방되었다는 사실은 중요하지 않다. 그것이 어떤 언어로 쓰이고, 어떤 플랫폼에서 작동하며, 어떤 정책 아래에서 배포되는지가 기술 영향력의 본질이다. 표준과 제도는 실질적인 디지털 주권을 가늠하는 도구가 된다.

국제기구들은 이 경쟁을 조율할 책임이 있으나, 역할이 제한적이다. 경제협력개발기구(OECD), 세계지식재산기구(WIPO), 국제표준화기구(ISO)는 원칙 수준의 가이드라인을 제공하고 있으나, 각국의 입법 속도를 따라

가지 못하고 있으며, 실질적인 기술 표준은 여전히 민간 기업과 주요 국가가 결정하는 실정이다.

우리나라를 비롯한 기술 중견국은 이러한 국제 경쟁에서 단순한 '이용자'가 아니라 '참여자'로 전략을 재설계해야 한다. 자체 모델 개발, 표준 협상력 강화, 중립적 기술 인프라 확보를 통해, 오픈소스 생태계 내에서 독립성과 공공성을 동시에 확보해야 할 시점이다.

기술 패권 시대의 협력과 분쟁 경로

오픈소스는 원래 '협력'을 전제로 한 기술적 실험이었다. 그러나 지금은 국가 전략과 기업 이해관계가 얽힌 현실 속에서, 협력보다는 충돌의 전장이 되어가고 있다. 특히 AI 기술의 중요성이 커지면서, 오픈소스를 둘러싼 법적 분쟁, 기술 제재, 데이터 갈등 등이 현실화되고 있다.

예컨대 미국의 수출 통제 규제는 중국 등 특정 국가에 대해 첨단 AI 반도체와 관련 기술의 접근을 제한하고 있다. 이로 인해 오픈소스 AI 프레임워크 자체가 금지되는 것은 아니지만, 이를 실제로 학습 · 운영하는 데 필요한 연산 자원이 차단됨으로써 국제적 활용에 간접적인 제약이 발생할 수 있다. 반대로 중국은 자국 오픈소스 기술을 타국에 제공하되, 모든 운영은 자국 클라우드에서 하도록 요구한다. 이는 오픈소스의 진정한 개방성을 훼손하는 방식의 조건부 협력이다.

유럽연합의 경우, 인공지능법을 통해 오픈소스에도 책임을 부과하면서, 기술 수출에 대한 기준을 명확히 설정하고자 한다. 이는 협력을 지속하려면 일정 수준의 규제를 수용해야 함을 의미한다. 이러한 '책임 기반 협력 모델'은 기존의 무규범 오픈소스 생태계와 근본적으로 충돌할 수 있다.

이러한 충돌은 단순히 기술의 문제가 아니라, 국가 간의 가치관과 규범의 차이를 반영한다. 미국은 자유 시장, 유럽연합은 규범 기반, 중국은 중앙 통제 기반이라는 각기 다른 접근을 취하고 있으며, 이는 디지털 외교와 규범 전쟁의 양상으로 전이되고 있다. 기술은 더 이상 중립적이지 않다.

다만 이 과정에서 여전히 협력의 가능성은 존재한다. 특히 보건, 기후위기, 교육, 재난 대응 등 인류 공동의 과제를 위한 AI 오픈소스 프로젝트는 국가 간 이견을 넘어서 협력의 발판이 될 수 있다. 실제로 유럽연합이나 세계보건기구(WHO, World Health Organization)는 오픈소스 기반 글로벌 AI 프로젝트를 제안하고 있다.

결론적으로 오픈소스를 둘러싼 미래는 협력과 충돌의

혼합 구조가 될 것이다. 우리가 설계해야 할 것은 어느 쪽에 설 것인가가 아니라, 어떤 방식으로 협력하고, 어떻게 분쟁을 예방할 수 있는가다. 오픈소스는 기술이지만, 동시에 외교이고, 질서이며, 새로운 시대의 공공재이기도 하다.

09
공유에서 통제로:
오픈소스 라이선스의 전략화

라이선스는 법이 다다르지 못한 영역에서 기술의 규범을 실험하고 있다. 그것이 규제든, 계약이든, 선언이든 간에, 라이선스는 이제 사회적 책임과 기술 통제를 연결하는 교차점으로 재구성되고 있다. AI 시대의 오픈소스 라이선스는 더 이상 부록이 아니라, 새로운 법과 윤리의 출발점이다.

AI와 기자?

라이선스는 계약인가, 규범인가

오픈소스 라이선스는 단순한 이용 허가를 넘어, 기술 공유를 가능하게 만드는 법적 언어이자 사회적 규범이다. 하지만 라이선스가 법적으로 '계약'인지, 아니면 '공적 선언'인지에 대한 해석은 여전히 논란의 대상이다. 이 문제는 오픈소스의 자유와 책임을 어떻게 구성할 것인가에 대한 근본적인 질문과 연결된다.

계약으로 보는 견해는 오픈소스 라이선스를 양 당사자 간의 법적 합의로 간주하여, 사용자는 명시된 조건을 수락함으로써 법적 의무를 부담한다고 본다. 이는 저작권 위반이 아닌 계약 위반으로 법적 책임을 묻는 데 초점을 둔다. 반면, 공적 선언으로 보는 견해는 일방적 사용 허락이기 때문에 계약적 구속력이 약하다고 본다.

이 해석의 차이는 실제 분쟁에서 중요한 영향을 미친다. 라이선스 위반 시 손해 배상 청구 가능성, 형사 처벌 여부, 해외 사법 관할 인정 여부 등이 달라지기 때문이다. 특히 글로벌 오픈소스 프로젝트에서는 국가마다 판례가 다르고, 법적 체계에 따라 라이선스의 효력이 달라질 수 있다.

이러한 해석의 불확실성은 오픈소스 생태계의 법적 안정성을 위협한다. 개발자는 코드가 어떤 조건으로 쓰이는지 예측하기 어렵고, 사용자는 라이선스 조항을 해석하는 데 법률 전문가의 도움이 필요해진다. 특히 AI 시대에는 라이선스 대상이 되는 코드뿐 아니라, 파생된 모델, 학습 결과물의 귀속 문제까지 복잡하게 얽혀 있다.

최근에는 오픈소스 라이선스를 '계약과 규범의 중간지대'로 보는 절충적 해석이 주목받고 있다. 법적으로는 최소한의 계약 조건을 명시하면서, 기술 공유라는 윤리적 이상도 담는 방식이다. 이는 기술 공동체의 자율성과 법적 명확성을 동시에 확보하기 위한 시도다.

결국 오픈소스 라이선스는 법률이자 문화다. 자유를 보장하되 책임도 묻는 열린 기술의 약속서로 작동하기 위해서는 그 성격과 법적 지위를 명확히 하고, 오픈소스 정신과 시장 현실 사이의 조율 장치로서 제도화될 필요가 있다.

일반 공중 사용 허가서와 아파치, 레일의 정치경제학

오픈소스 라이선스는 단순한 문서가 아니라, 기술과 자본, 권력의 관계를 재구성하는 정치경제적 도구다. 오픈소스 각각의 라이선스는 그 자체로 하나의 정치경제 체제를 상징한다. 다시 말해, 기술이 법률적 규칙에 의해 통제되는 것이 아니라, 라이선스라는 장치를 통해 지식의 흐름과 시장의 구조, 그리고 권력의 귀속 방식을 설정하게 되는 것이다.

일반 공중 사용 허가서(GPL)는 정보 자산을 특정 집단이 독점하는 것을 막고, 모든 기여가 다시 커뮤니티로 환원되도록 강제함으로써 '기술 공유를 통한 수평적 질서'를 지향한다. 이는 개발자 중심의 자율주의적 윤리와 연결되며, "누구도 기술을 독점할 수 없다"라는 일종의 기술민주주의를 실현한다. 그러나 이러한 카피레프트는 상업적 활용과 결합하기 어렵다는 점에서, 시장 기반의 확산에는 제약이 있었다.

아파치 라이선스는 이와 반대로, 기술 공유와 시장 수익화를 동시에 허용하는 절충적 모델이다. 오픈소스를 활용하되, 파생물은 비공개하거나 특허로 보호할 수 있게 함으로써, 기업이 자산화할 수 있는 구조를 제공한다. 이는 오픈소스를 혁신의 연료로 사용하면서도, 자본의 축적이 가능하도록 설계된 '플랫폼 자본주의형 오픈소스'로 평가된다. 실제로 클라우드 산업, 빅데이터 생태계, AI 프레임워크 대부분은 아파치 기반 기술로 성장하였다.

레일(RAIL, Responsible AI License)은 오픈소스의 제

3의 길을 제시한다. AI 기술은 기존 소프트웨어보다 사회적 파급력이 훨씬 크기 때문에, 단순한 자유보다는 "책임 있는 개방"이 필요하다는 인식이 커졌다. 레일은 이 같은 철학을 라이선스에 구체화하여, 기술의 사용 목적을 제한하고, 사회적으로 바람직하지 않은 이용을 원천 차단한다. 이는 오픈소스를 단순한 배포 수단이 아닌, 윤리 규범의 실행 장치로 전환하는 새로운 실험이다.

이처럼 오픈소스 라이선스는 법률과 기술, 경제, 윤리의 경계에 서 있는 복합적 거버넌스 장치다. 그것은 기술 개발의 자유만을 보장하는 것이 아니라, 그 자유가 어떻게 사회적 책임으로 전환되는지를 묻는 정치경제적 선택이다. 따라서 공공 AI, 디지털 주권, 국가 인프라 정책 등에서 라이선스 선택은 단순한 법적 절차가 아니라, 기술과 권력의 분배 방식을 규정하는 사회 계약으로 이해되어야 한다.

AI 특화 라이선스의 등장 배경과 목적

기존의 오픈소스 라이선스는 코드에 대한 접근과 사용을 중심으로 설계되었다. 그러나 생성형 AI의 등장과 함께, 코드만이 아닌 모델, 파라미터, 출력물까지 라이선스 적용 대상이 확장되면서, 전통적인 라이선스로는 AI 시대의 복잡한 권리 구조를 포괄하기 어렵게 되었다. 이러한 한계를 극복하기 위해 'AI 특화 라이선스'가 새롭게 제안되고 있다.

AI 특화 라이선스는 기존 라이선스 체계에 '모델 이용 제한', '출력물 사용 조건', '재학습 금지' 등 새로운 조항을 도입한다. 예컨대 오픈레일(OpenRAIL) 라이선스는 AI 모델을 차별 조장, 성적 대상화 등 특정 목적에 사용하지 못하도록 제한하며, 일부 모델은 상업적 재활용을 금지한다. 이는 기술의 공유를 보장하면서도, 사회적 책임과 안전성을 확보하려는 시도다.

이러한 라이선스가 등장한 배경에는 크게 두 가지 동인이 있다. 첫째, 생성형 AI가 초래할 수 있는 딥페이크, 조작 뉴스 등 사회적 해악에 대한 예방적 대응 필요성이다. 둘째, 기업 간 경쟁 심화 속에서 자신이 만든 모델이 타사에 의해 무분별하게 수익화되는 것을 방지하려는 전략적 동기다. 즉 기술 윤리와 산업 전략이 교차하는 지점에서 AI 특화 라이선스는 탄생한다.

하지만 이 같은 목적 제한 조항은 오픈소스의 자유정신과 정면충돌할 수 있다. '누가 용도 제한을 판단하는가', 'AI의 출력물이 본래 저작물인가' 등 해석의 불명확성과 함께, 실제로 법적 구속력이 얼마나 되는지에 대해서도 의문이 제기된다. 특히 라이선스 조건이 미국과 유럽연합, 중국 등 각국의 법체계에서 어떻게 해석될지는 명확하지 않다.

그럼에도 불구하고 AI 특화 라이선스는 점차 확산되고 있다. 스테이블 에이아이(Stability AI), 허깅 페이스 등은 특정 조건하에 모델을 공유하고 있으며, 학계와 시민 단체도 '책임 있는 AI 사용'의 도구로 라이선스를 활용하고 있다. 특히 공공 기관이 개발한 AI 모델의 경우, 공공성과 안전성 확보를 위한 '조건부 개방'이 새로운 기준이 되고 있다.

AI 특화 라이선스는 결국 기술의 '공유'와 '제한'이라는 두 가치 사이에서 새로운 균형을 모색하려는 법적 실험이다. 이는 오픈소스의 진화이자, 자유의 의미를 재정의하는 과정이기도 하다. 앞으로 AI 개발이 더욱 고도화될수록, 우리는 '무제한적 공유'라는 환상을 넘어, 사회적으로 책임 있는 기술 개방의 조건을 세밀하게 설계할 필요가 있다.

데이터세트 라이선스의 공백과 실험

AI 개발에서 데이터는 필수 자원이며, 그 가치와 희소성은 점점 더 부각되고 있다. 그러나 현재의 오픈소스 라이선스 체계는 데이터세트에 대해서는 거의 아무런 규정을 담고 있지 않다. 대부분의 라이선스는 코드 중심으로 구성되어 있고, 데이터세트는 "사실의 집합"으로 간주되어 법적으로 보호 대상이 아니라고 여겨지는 경향이 강했다. 그러나 현실에서는 데이터세트가 상업적 가치의 핵심이 되고 있다. 커먼 크롤, 레이언, 더 파일(The Pile) 같은 대규모 데이터세트는 지피티(GPT), 라마 같은 AI 모델의 성능에 직접적 영향을 주며, 그 수집 방식과 내용이 불법 논란에 휘말리기도 한다. 이처럼 데이터세트가 기술적 자산으로 기능하면서도, 법적 소유권이나 사용 조건은 불투명한 '공백 지대'로 남아 있는 것이다.

이에 따라 최근에는 데이터세트에 특화된 라이선스를 설계하려는 시도들이 등장하고 있다. 예컨대 크리에이티브 커먼스(Creative Commons)의 시시제로(CC0)는 사실상 퍼블릭 도메인 선언이지만, AI 학습 목적에는 한계가 있다. 이에 반해 AI 커뮤니티(AI community)에서는 데이터 뉴트리션 레이블(Data Nutrition Label)이나 데이터세트 사용 라이선스(Dataset Usage License)등의 새로운 규격과 조건을 실험하고 있다.

이러한 실험적 라이선스는 사용 조건, 데이터 출처, 개인 정보 포함 여부, 재사용 가능성 등을 세부적으로 규정하려 한다. 특히 AI 모델이 '재학습(retraining)'을 수행할 경우, 원데이터의 권리자가 일정한 통제력을 행사할 수 있도록 설계하는 방향이 논의되고 있다. 이는 데이터 기여자에게 일정한 권리와 보상을 부여할 수 있는 기반이기도 하다.

문제는 이러한 데이터세트 라이선스가 아직 국제적으로 통일된 기준 없이, 실험적 단계에 머무르고 있다는 점이다. 각국의 저작권법, 개인정보보호법, 공공데이터법이 서로 충돌하며, 특히 크롤링된 웹 데이터의 저작권 문제는 여전히 해결되지 않은 법적 난제로 남아 있다. 플랫폼과 기업은 이 공백을 전략적으로 활용해 법적 책임을 회피하거나 우회할 여지를 갖게 된다.

결국 데이터세트 라이선스는 AI 시대의 핵심 쟁점으로 부상하고 있다. 데이터가 누구의 것인가, 어떻게 공정하게 활용할 수 있는가를 규율할 수 있는 새로운 법적 장치가 필요하다. 오픈소스가 코드에 머무르지 않고, 데이터의 공정성과 투명성까지 포괄할 때에야 비로소 진정한 기술 민주주의의 기반이 마련될 수 있을 것이다.

규제 도구로서의 라이선스 설계

AI와 오픈소스 시대에, 라이선스는 단순한 사용 조건의

명세를 넘어 '민간 규제'의 수단이 되고 있다. 특히 정부 규제가 뒤따르지 못하는 속도에서 라이선스는 스스로 사회적 기준을 만들고, 위반 시 법적 제재를 가능하게 만드는 준법적 기제로 작동한다. 이는 자율 규제와 공동 규범 사이에 위치한 새로운 법적 도구의 등장이라 할 수 있다.

대표적인 예로는 오픈레일 라이선스의 "악의적 사용 금지 조항", 메타의 "사용 목적 제한", 마이크로소프트의 "책임 있는 AI(Responsible AI)" 규약 등이 있다. 이들은 모두 국가 입법이 다루기 힘든 '용도 기반 규제'를 라이선스 조항을 통해 먼저 실현하고자 한다. 특히 생성형 AI의 경우, 출력을 사후 통제하기 어려운 특성상, 사전 라이선스 조건이 중요하게 작용한다. 메타나 마이크로소프트의 경우는 오픈소스 형태로 보기 어렵다. 라이선스를 통한 윤리적, 사회적 책임을 위한 의도성이 강한 규약으로 볼 수 있다.

라이선스를 규제 도구로 볼 때 가장 큰 장점은 그 유연성이다. 법률보다 빠르게 갱신이 가능하고, 기술 변화에 맞춰 세밀한 조건을 설정할 수 있다. 그러나 이와 동시에 큰 문제점은 '구속력'과 '강제력'의 부족이다. 라이선스를 위반하더라도 실제 소송까지 이어지기 어렵고, 국제적으로 이를 집행할 수 있는 권한이 미약하기 때문이다.

또한 라이선스를 통해 규제 효과를 달성하려면, 사용자와 개발자 모두가 해당 조항의 내용을 정확히 이해하고, 이를 준수하려는 윤리적 동기 또는 법적 의무를 가져야 한다. 이는 라이선스의 법적 언어와 사회적 이해 사이의 간극을 줄여야 한다는 과제를 안긴다. 특히 비전문가 사용자에게는 지나치게 복잡한 조건이 오히려 혼란을 초래할 수 있다.

따라서 향후 AI 시대에는 표준화된 라이선스 설계와 함께, 이를 보완할 수 있는 거버넌스 체계가 필요하다. 라이선스 준수 여부를 감시하고, 위반 시 조정을 담당할 수 있는 중립적 기관이 요구되며, 국제 표준 기구나 비정부기구(NGO, Non-Governmental Organization)가 이 역할을 일부 수행할 수 있을 것이다. 이는 법적 효력이 약한 오픈소스 규제 체계를 사회적 신뢰를 통해 보완하는 방식이다.

궁극적으로 라이선스는 법이 다다르지 못한 영역에서 기술의 규범을 실험하고 있다. 그것이 규제든, 계약이든, 선언이든 간에, 라이선스는 이제 사회적 책임과 기술 통제를 연결하는 교차점으로 재구성되고 있다. AI 시대의 오픈소스 라이선스는 더 이상 부록이 아니라, 새로운 법과 윤리의 출발점이다.

10
오픈소스 이후의 질서:
디지털 공공성과 기술 계약의 재구성

AI 오픈소스는 자유와 통제, 기여와 수익, 기술과 윤리 사이에서 균형을 요구하는 시대적 기술이다. 이 균형은 시장에만 맡길 수 없으며, 민주적 거버넌스와 국제 규범, 공정한 라이선스 체계와 사회적 참여 구조를 통해 제도화되어야 한다. '기술은 모두의 것'이라는 약속을 지키기 위해, 우리는 오픈소스 이후의 질서를 구체적이고 책임감 있게 설계해야 한다.

AI와 미래 의사?

오픈소스 너머의 기술 사회 계약

오픈소스는 지난 수십 년간 기술 공유와 협업의 상징이었다. 그러나 AI 시대에 접어들며, 단순한 '코드 공유' 이상의 규범적 기획이 필요해지고 있다. AI는 단지 기술적 도구가 아니라, 사회적 판단과 인간의 삶에 구조적 영향을 미치는 결정권을 행사하기 때문이다. 이에 따라 기술의 사회 계약은 이제 코드 라이선스를 넘어 '기술의 사회적 통제'로 확장되어야 한다.

기술 사회 계약이란 기술의 개발 · 배포 · 사용이 사회 전체의 이익과 책임 분배 구조에 따라 이루어져야 한다는 규범적 제안을 뜻한다. 이는 전통적 사회 계약론의 기술적 번안이며, 기술이 공공재적 성격을 갖는 시대에 필연적으로 요구되는 접근이다. 오픈소스는 그 출발점이지만, AI와 플랫폼 시대에는 훨씬 더 복합적인 통제 메커니즘이 필요하다.

오픈소스는 기술 엘리트와 커뮤니티 중심의 자율성을 강조했지만, 이는 종종 다수의 시민을 배제한 채 내부의 기술 규범만을 우선시하는 결과로 이어졌다. 특히 AI는 시민 사회 전체에 영향을 주는 결정 알고리즘을 포함하기 때문에, 기술 주권, 데이터 주체성, 투명성과 책임의 원칙이 함께 구현되는 거버넌스 체계가 전제되어야 한다.

이러한 사회 계약은 개발자, 사용자, 피해자, 국가, 플랫폼 기업 등 다양한 행위자가 참여하는 다층적 구조여야 한다. 단순히 개발된 기술을 '공유'하는 데서 그치지 않고, 그 기술이 초래할 수 있는 윤리적 결과, 경제적 불균형, 권력 집중에 대해 사전에 분배 원칙을 설계하는 구조가 요구된다.

따라서 기술 사회 계약은 규범적으로는 "모두를 위한 기술이어야 한다"라는 원칙에서 출발하고, 실천적으로는 그 원칙을 제도화하는 과정으로 이어져야 한다. 이는 오픈소스의 이상을 계승하면서도, 기술의 '중립성 신화'를 넘어서는 새로운 윤리적 · 정치적 기획이다.

마지막으로 기술 사회 계약은 민주주의와 밀접히 연결된다. 기술이 인간의 삶을 결정하는 도구가 될수록, 그 기술에 대한 통제 권한도 시민에게 보장되어야 한다. 이제 '기술적 공공성'을 실현하기 위한 사회적 계약이, 라이선스의 조건 너머에서 본격적으로 요청되고 있다.

AI 공공선의 재정의

AI가 공공선이라는 개념은 단순한 비유가 아니라, 기술 패권 시대에 있어 매우 현실적인 정책 지향이다. 전통적으로 공공선은 비배제성과 비경합성을 특징으로 했지만, AI는 이러한 고전적 정의를 확장해야 하는 기술적 특이성을 지닌다. 즉 AI는 누구에게나 열려 있어야 하면서도, 누구에게나 책임을 물을 수 있는 체계를 갖춰야 한다.

AI 공공선의 핵심은 접근성과 책임성의 균형이다. 누구나 AI를 이용할 수 있어야 한다는 개방성의 원칙과 그 이용 결과에 대해 누군가는 책임져야 한다는 규범적 원칙이 공존해야 한다. 이는 단순한 기술 보급 문제가 아니라, 공공 영역에서의 AI 활용에서 책임 구조를 어떻게 설계할 것인가에 대한 거버넌스 문제이기도 하다.

예를 들어, 의료 AI나 교육용 AI는 모두에게 개방되어야 한다. 그러나 그 결과에 오류가 있거나 편향이 존재할 경우, 국가나 개발자가 책임을 져야 한다. 이때 AI 공공선의 개념은 '이용 가능성'과 '책임 귀속'을 동시에 전제하는 이중 구조의 제도 설계를 필요로 한다.

AI 공공선은 또한 글로벌 차원의 협력을 필요로 한다. 공공 데이터를 기반으로 한 AI 모델이나, 다국적 협력으로 제작된 오픈소스 모델이 어느 국가의 관할과 책임 아래 놓이는지에 대한 법적 쟁점은 국제 규범을 통한 조율 없이는 해결되기 어렵다. 이에 따라 AI 공공선은 단지 '공짜 기술'이 아니라, 규범적 공공성과 책임을 함께 담아야 한다.

따라서 AI 공공선을 실현하기 위해서는 기술 인프라의 공공화, 알고리즘의 투명화, 이용자의 설명 요구권과 같은 '기술적 기본권'이 보장되어야 한다. 이와 함께 공공 기관의 기술 의존성 감축, 자국 모델 개발 투자 등의 기술 주권 전략도 병행되어야 한다.

결국 AI 공공선은 기술 자체가 아닌, 기술을 통한 사회적 형평과 권리 보장의 구조를 어떻게 설계하느냐에 따라 결정된다. 이는 오픈소스의 이상을 넘어서, AI 시대의 사회 계약이 요구하는 핵심적 요소로 자리매김하고 있다.

시민이 참여하는 기술 거버넌스 구조

AI 시대의 기술은 더 이상 전문가 집단에만 맡겨 둘 수 있는 대상이 아니다. 알고리즘은 시민의 삶을 직접적으로 구조화하고 판단하며, 일상적인 권리 행사와 기회에 영향을 미친다. 이러한 현실에서 기술의 설계, 운영, 감독 과정에 시민이 참여할 수 있는 '거버넌스 구조'가 절실히 요청된다. 이는 단지 의사 결정의 투명성을 확보하기 위함만이 아니라, 기술에 대한 실질적인 통제력을 민주적으로 배분하기 위함이다.

기술 거버넌스란 기술의 생애 주기 전반에 걸쳐 누가, 무엇을, 어떻게 결정하는지를 제도화하는 구조를 말한다. 시민 참여형 거버넌스란 바로 이 결정의 과정에서 전문가와 정책 결정자뿐 아니라 일반 시민, 당사자 집단, 사회적 약자 등 다양한 행위자가 제도적으로 목소리를 낼 수 있도록 보장하는 체계를 의미한다. 특히 알고리즘의 설계와 검증, 데이터 수집 기준, 오류 발생 시 구제 절차 등에 시민의 참여는 점점 더 필수가 되어 간다.

유럽연합의 인공지능법에서도 기술 위험도를 분류하고 고위험군 AI 시스템에 대해서는 사전 설명 및 감독 절차를 명문화하고 있다. 그러나 이러한 규범은 여전히 '감독 기관' 중심이며, 시민의 직접 참여는 제한적이다. 이에 따라 기술위원회, 공론화 플랫폼, 알고리즘 감시 시민단체 등 비국가 주체의 참여를 공식화하는 방식이 새로운 거버넌스 모델로 주목받고 있다.

또한 기술 거버넌스는 단일 국가 수준을 넘어, 지역 공동체나 글로벌 협력 차원에서도 논의되어야 한다. 시민 거버넌스는 지역의 필요와 맥락을 반영할 수 있는 분산형 구조여야 하며, 이를 위해서는 법 제도뿐 아니라 기술 인프라 설계에서도 민주적 분산성과 접근 가능성이 전제되어야 한다.

결국 기술 거버넌스는 통제와 민주주의 사이의 긴장을 어떻게 조율할 것인가의 문제다. 시민 참여가 형식적 절차에 그치지 않고, 실제 설계와 감시에 실질적인 영향을 줄 수 있어야 하며, 그 참여는 교육과 정보 공개를 통해 뒷받침되어야 한다. 즉 거버넌스는 시스템이 아니라 정치의 문제이기도 하다.

AI와 오픈소스는 본래 민주화를 위한 기술로서 시작되었지만, 이제는 그 민주주의를 유지하기 위해 역으로 정치적 제도를 필요로 하게 되었다. 기술 민주주의는 선언이 아닌 구조로서, 실질적인 참여와 제도 설계 없이는 공허한 이상에 머무르게 된다.

공정한 기여와 책임 분담의 제도화

AI 오픈소스 생태계에서 수많은 기여자들은 자발적으로 코드, 모델, 문서화 작업에 참여하지만, 그 결과물의 수익은 종종 기업이나 플랫폼 중심으로 귀속된다. 이는 기술 공유의 윤리를 자본이 흡수하는 대표적인 예이며, '기여와 수익'의 구조적 비대칭성을 야기한다. 이제는 기여와 책임이 공정하게 분담되는 제도 설계가 필요하다.

첫째, 기여에 대한 정의부터 새롭게 조정되어야 한다. 단순히 코드를 올리는 것뿐 아니라, 테스트, 문서화, 피드백, 번역, 튜토리얼 제작 등도 가치 있는 공헌으로 평가받아야 하며, 이에 상응하는 인센티브 구조가 마련되어야 한다. 이는 오픈소스의 협업 원칙을 확장하여 공정한 노동과 보상의 영역으로 재구성하는 일이다.

둘째, 책임의 분배도 새롭게 조정되어야 한다. 오픈소스라는 이유로 법적 책임이 완전히 회피되는 구조는 시민의 권리를 침해할 수 있다. 특히 AI의 오남용, 편향적 판단, 개인 정보 유출 등에서는 코드 작성자와 플랫폼 운영자, 사용자 간의 책임 구조를 명확히 나누는 제도 설계가 필요하다. 이는 '면책'이 아닌 '공동 책임'의 구조로 이어져야 한다.

셋째, 라이선스 설계 역시 기여-책임 구조를 반영해야 한다. 단순한 이용 조건을 넘어, 공정 사용과 재분배, 의무 공개 조항 등을 포함하는 방향으로 진화할 필요가 있다. 특히 최근 등장한 AI 특화 라이선스들은 책임성 확보를 위한 기획적 수단으로 주목받고 있으며, 이는 오픈소스 규범의 재정립과도 연결된다.

넷째, 국가 차원의 제도도 병행되어야 한다. 공공 연구 지원금으로 개발된 오픈소스의 경우, 그 결과물의 수익이 특정 기업에 편중되지 않도록, 기여자의 권리를 보장하고 사회적 환원을 유도하는 조세·계약 제도 개편

이 필요하다. 이는 기술 개발이 공공선을 위한 행위가 되도록 유도하는 정책적 장치다.

기술 공유는 기여 없이는 불가능하고, 기여는 책임 없이는 위험하다. 이 간극을 메우기 위한 새로운 규범적 계약이 바로 '기여와 책임의 제도화'다. 오픈소스는 자유의 상징이었지만, 이제는 공정과 책임의 상징이 되어야 한다. 기술의 사회적 지속 가능성을 위해서도 이 전환은 필수적이다.

"기술은 모두의 것"이라는 약속을 지키기 위해

"기술은 모두의 것이다"라는 슬로건은 오픈소스 운동의 이상을 대표한다. 그러나 오늘날 이 슬로건은 위기를 맞고 있다. 플랫폼 자본주의, 알고리즘 독점, 클라우드 락인 구조는 기술의 공유 가능성을 실질적으로 제약하고 있으며, 기술 이용의 평등성조차 보장되지 않는다. 이 상황에서 "기술은 모두의 것"이라는 선언은 법적, 정치적, 제도적 뒷받침 없이는 공허한 문구에 머무를 수 있다.

기술이 모두의 것이 되려면, 기술 접근의 평등성과 기술 거버넌스의 참여성이 제도적으로 보장되어야 한다. 이는 단지 소프트웨어의 소스코드를 공유하는 것을 넘어서, 교육, 인프라, 규범 설계까지 아우르는 총체적 조건을 의미한다. 특히 디지털 불평등이 심화되고 있는 오늘날, '기술 공유'는 권리 보장의 문제로 재해석되어야 한다.

또한 기술의 공유 가능성은 기술의 설계 방식에서부터 출발한다. 폐쇄형 에이피아이(API), 독점적 데이터세트, 불투명한 파라미터 설정은 기술적 폐쇄성을 강화하고 있으며, 오히려 기술의 소수화와 비공공화를 조장하고 있다. 이에 반해, 개방형 설계와 상호 운용성, 모듈형 구조는 기술의 공유 가능성을 실질적으로 높이는 요소다.

이러한 공유의 조건을 제도적으로 뒷받침하기 위해, 정부와 시민 사회는 '공공 AI 정책'과 '기술 복지'라는 틀 안에서 공정하고 민주적인 기술 분배 구조를 제안해야 한다. 특히 공공 재정으로 개발된 기술은 명확한 라이선스를 통해 사회 전체에 환원될 수 있어야 하며, 기술 공유는 디지털 기본권의 일부로서 제도화되어야 한다.

결국 기술은 그 자체로 모두의 것이 되지 않는다. 그것을 모두의 것으로 만드는 제도, 문화, 규범, 그리고 정치가 필요하다. 오픈소스 이후의 기술 사회는 바로 이 제도화의 방향을 두고, '기술의 민주화'와 '기술의 소유화'

사이에서 다시 사회 계약을 써 내려가야 한다.

디지털 공공성과 기술 계약

AI 오픈소스 생태계의 미래는 단지 기술의 개방 여부나 상업적 활용 범위에 대한 논쟁에 그치지 않는다. 우리는 오픈소스 모델이 사회 전체에 미치는 구조적 영향력인 권력 집중, 책임 회피, 데이터 편향, 안전성 결여 등을 고려할 때, 이를 새로운 사회 계약의 틀 안에서 재구성해야 할 필요에 직면해 있다. 기술은 공유될 수 있어야 하지만, 동시에 공정하고 안전하게 작동해야 한다는 이중 조건이 요구된다. 특히 기여자와 이용자 간의 관계, 국가와 플랫폼 간의 균형, 공공성과 혁신 간의 긴장은 이 문제를 정치경제적 쟁점으로 전환하고 있다.

현실적인 글로벌 AI 거버넌스를 위해서는 오픈소스 모델을 중심으로 한 국제 협력 메커니즘의 설계가 필요하다. 예컨대 '글로벌 오픈소스 AI 위원회'는 다자간 협의체로서, 오픈소스 모델의 위험 평가, 기술 표준, 윤리 가이드라인 등을 설정할 수 있으며, 기술 강국 간 신뢰 확보와 제도적 조율의 핵심 플랫폼이 될 수 있다. 이 위원회는 기존의 기후 변화 정부간 협의체(IPCC, Intergovernmental Panel on Climate Change)처럼 과학적 증거 기반과 사회적 책임 기준을 결합한 정책 권고안을 생산할 수 있다.

AI 모델을 오픈소스화하는 것은 위험을 확장하는 것으로 볼 수 있다. 아직 위험에 대해 파악되거나 대응 체계가 구축되지 않은 AI 모델을 누구나 이용할 수 있도록 하는 것은 위험원을 누구나 접근할 수 있도록 하는 것이라는 점에서 문제의 확장으로 볼 수 있기 때문이다.

오픈소스 모델의 상업화, 책임 귀속, 복수 라이선스 간의 충돌 문제는 기술적 특성과 법적 복잡성을 모두 가지므로, 기술 전문가와 법률가가 협업하는 하이브리드 조정 시스템이 요구된다. 이는 세계무역기구(WTO)의 디지털 통상 분쟁 조정 기능, 또는 세계지식재산기구(WIPO)의 중재 시스템과 유사한 방식으로 운영될 수 있으며, 기술 기반 플랫폼 규범에 대한 글로벌 신뢰를 형성하는 기반이 될 것이다.

또한 오픈소스 AI에 대한 신뢰와 사회적 수용도를 높이기 위해 '오픈소스 신뢰 인증제(Open Source Trust Certification)' 도입이 고려되어야 한다. 이는 AI 모델의 투명성, 안전성, 설명 가능성, 편향 제거 조치 여부 등을 평가하고, 일정 기준을 충족한 모델에 대해 인증을 부여하는 제도다. 유럽연합의 적합성 표시(CE, Conformité

Européenne) 인증처럼, 이 제도는 공공 조달의 우선 자격 또는 민간 서비스와의 연계 기준으로 작용할 수 있으며, 기업과 연구자들에게 신뢰 기반 경쟁 유인을 제공할 것이다.

이러한 제도들은 유엔의 유네스코(UNESCO), 국제전기통신연합(ITU, International Telecommunication Union) 국제전기통신연합, 국제무역기구(WTO), 경제협력개발기구(OECD) 등 기존 국제기구의 프레임워크와 연계될 때 더욱 실효성을 갖게 된다. 단순한 선언이 아니라, 실질적 제도 설계와 국가별 채택을 이끌어낼 수 있는 구조와 거버넌스를 만들어야 하며, 이를 통해 오픈소스 AI는 단지 기술의 공유를 넘어, 사회적 책임과 공공성을 내재한 기술 계약으로 거듭날 수 있다.

결론적으로, AI 오픈소스는 자유와 통제, 기여와 수익, 기술과 윤리 사이에서 균형을 요구하는 시대적 기술이다. 이 균형은 시장에만 맡길 수 없으며, 민주적 거버넌스와 국제 규범, 공정한 라이선스 체계와 사회적 참여 구조를 통해 제도화되어야 한다. '기술은 모두의 것'이라는 약속을 지키기 위해, 우리는 오픈소스 이후의 질서를 구체적이고 책임감 있게 설계해야 한다.

김윤명

디지털정책연구소(DPI) 소장이다. 남도의 니르바나, 땅끝 해남에서 태어났다. 광주 인성고등학교와 전남대학교 문헌정보학과를 졸업하고 경희대학교에서 지식재산법을 전공해 박사학위를 받았다. 현재 세종사이버대학교에서 정보보호학을 공부하고 있다. 네이버에서 정책수석을, 소프트웨어정책연구소(SPRi)에서 소프트웨어와 인공지능 법제 연구를, 국회에서 보좌관을 맡아 입법과 정책을 다루었다. 이재명 경기도지사 캠프와 인수위인 새로운경기위원회, 그리고 이재명 대통령후보(20대, 21대) 캠프에서 활동했다. 대통령소속 국가지식재산위원회 인공지능(AI)-지식재산(IP) 특위에서 AI 시대에 변화하는 지식재산의 지형을 함께 그렸다. 경희대학교 법무대학원에서 '인공지능법'을, 전남대학교 데이터사이언스대학원 '데이터사이언스 법과 윤리'를 강의하며 다음 세대를 준비하고 있다. 《블랙박스를 열기 위한 인공지능법》은 교육부 우수학술도서로, 《게임법》, 《게임서비스와 법》, 《인터넷서비스와 저작권법》은 문화체육관광부 세종도서(우수학술도서)로 선정되었다. 시를 짓고 사진을 찍는다. 두 아이의 강하중학교에서 발간한 시집 《나에겐 비도 맛있다》에 몇 편의 시를 담았다. 아내와 아이들, 그리고 시고르자브종 리카와 밴, 동네 골목, 바람과 하늘, 꽃과 나무 등 세상의 모든 숨결이 렌즈에 깃든다. 사람들의 짠하고도 아심찬한 풍경을 기록한다. 시집을 내고 사진 갤러리를 여는 것이 꿈이기도 하다. 집 안에 '도서관엔(N)'을 세웠다. 정사서 1

급 자격증을 가지고 있지만 도서관장은 아내다. '엔(N)'은 네이버와 한게임의 합병법인 엔에이치엔(NHN, Next Human Network)에서 따온 '넥스트(Next)'를 의미한다. "도서관엔(N) 뭐가 있을까? 도서관엔(N) 길이 있지! 도서관 다음엔(N) 뭘 만들지?" 이런 장난스러운 물음 속에 세상을 향한 다음 걸음을 품는다. 언젠가 모두를 위한 더 큰 도서관엔(N)을 짓겠다는 꿈을 품고 있다. AI를 비롯한 디지털 법제와 정책을 연구하기 위해 양평에 '디지털정책연구소'를 세웠다.
인연은 digitallaw@naver.com을 통해 이어질 수 있다.